AF371272

MADELEINE TRONEL

MADELEINE TRONEL

NOTICE BIOGRAPHIQUE

D'APRÈS

SA CORRESPONDANCE & SON JOURNAL

PARIS

—

Librairie Victor Retaux

82, Rue Bonaparte, 82

LE MANS

—

Imprimerie A. Bienaimé

15, Rue Marchande, 15

1903

Pour consoler une mère, à la mort de sa fille unique, des notes avaient été réunies et mises en ordre. Ce précieux cahier apporta la consolation désirée, au cœur de Madame Tronel, et elle le communiqua aux amies de sa chère Madeleine.

Le bien qui en résulta fit naître la pensée d'étendre ce travail, afin de mieux révéler le caractère et les vertus de celle qui en était l'objet. Des documents nombreux furent mis à la disposition de l'auteur de cette notice : lettres de direction, lettres à sa famille, à ses amies, et les cahiers renfermant son journal, tenu très exactement depuis le 1ᵉʳ janvier 1885. C'en était assez pour que, par ses écrits, Madeleine pût se peindre elle-même et paraître telle qu'elle s'était fait apprécier dans l'intimité.

Les personnes qui l'ont connue reverront avec

bonheur, dans ces pages, cette physionomie sympathique, qui attirait si facilement l'estime et l'affection ; en même temps, pénétrant dans l'intime de sa vie, elles admireront la beauté de cette âme, adonnée si généreusement à la pratique des plus héroïques vertus.

A tous, je l'espère, la lecture de ce livre, qui est plus une autobiographie qu'une notice biographique, procurera la consolation, toujours grande et salutaire, de voir l'action bienfaisante de la grâce, dans une âme de bonne volonté.

Pour tous les faits qui sont apportés, au cours de cette notice, nous ne réclamons que la croyance accordée d'ordinaire à une biographie consciencieuse.

O. DE G.

MADELEINE TRONEL

CHAPITRE PREMIER

§ I. — **Enfance**.

Les meilleurs souvenirs, pour le cœur d'une mère, sont bien ceux qu'elle garde de l'enfance d'un enfant bien-aimé. Les premières lueurs de l'intelligence, les moindres saillies de caractère lui sont de précieuses manifestations, où elle cherche ce qu'elle a souhaité, des assurances d'avenir, de bonheur. Il n'est pas de petites circonstances qui ne puissent lui offrir une source de consolations, surtout si elle y trouve un gage de la protection du Ciel. .

Madame Tronel, mère de Marie, Juliette,

Madeleine, aimait à rappeler que sa chère fille était née, le premier vendredi du mois de Juillet 1867, et avait été baptisée le lendemain, dans l'église de Changé, près Le Mans. Ainsi le Sacré-Cœur et la très Sainte Vierge prirent cette enfant sous leur protection, dès sa naissance.

Le premier objet que Madeleine fixa avec attention fut un objet de piété, et elle fit ses premiers pas, un dimanche, pour aller s'emparer d'un paroissien, entre les mains de sa bonne.

Sans être vouée aux couleurs de la Sainte Vierge, elle les porta cependant jusqu'à l'âge de 7 ans.

Madeleine n'avait pas tardé à manifester une grande vivacité d'esprit et un caractère enjoué, dans lequel la bonté du cœur tempérait heureusement une volonté énergique.

Son père et sa mère partageaient ses attentions enfantines avec son grand-père, **M.** Seigneuré, qui avait un don tout particulier pour deviner les moindres désirs de sa petite fille. S'il y avait quelques faiblesses, bien pardonnables, de la part du grand-papa, l'enfant ne se prévalut de ses bontés, que pour lui vouer une plus grande affection.

Madame Tronel, en mère prévoyante et pieuse, formait avec soin le cœur de sa chère fille, lui inspirant l'esprit de foi dont elle-même était **pénétrée**. Quel ne fut pas son bonheur de la surprendre, un **jour** d'orage, priant avec ferveur devant une image de la **très** Sainte Vierge !

« Jamais, disait-elle, en montrant l'image, et la place occupée par sa fille, jamais je ne me suis mieux figuré ce que pouvait être un ange, en présence de Dieu. »

A partir de ce jour, malgré toutes les difficultés de caractère, Madame Tronel ne cessa de penser que sa chère Madeleine serait une jeune fille vertueuse. Aussi, ne perdait-elle aucune occasion de seconder la grâce de Dieu et de donner à sa fille ces habitudes de piété, qui sont une si grande sauvegarde pour les enfants.

Madeleine avait environ sept ans, lorsque dans l'érection d'un chemin de croix, à Changé, on lui confia le tableau de la VIe station, qui représente sainte Véronique essuyant avec respect la face adorable du Sauveur.

Ce souvenir reviendra au cœur de la pieuse mère, lorsqu'elle apprendra que ce fut dans la chapelle de la sainte Face, à Tours, que se décida le choix de la congrégation, dans laquelle sa fille devait entrer.

Elle n'oubliera pas, non plus, une autre coïncidence plus touchante encore.

Dans un pèlerinage à Notre-Dame de Chartres, l'enfant disparut au milieu de la foule qui se pressait près de N.-D. de Sous-Terre. Après de bien longues minutes et de mortelles angoisses, elle fut enfin retrouvée. Et c'est près de N.-D. de Chartres, que l'héroïque mère viendra se consoler du départ de sa fille unique, après la dernière séparation, qui eut lieu à la gare de cette ville.

Désireuse de procurer à sa chère fille l'éducation qu'elle-même avait reçue, Madame Tronel la confia aux soins des Religieuses d'Evron. A la rentrée d'Octobre 1876, Madeleine entra au pensionnat Notre-Dame, au Mans. Elle emportait avec elle une statuette de N.-D. de Chartres, qui ne la quitta plus, et c'est à elle qu'elle confia les premières peines de son cœur.

Les Maîtresses découvrirent bientôt, dans cette enfant, d'heureuses ressources d'intelligence et de caractère, malgré quelques saillies d'indépendance. La contrainte de la règle pesait parfois à cette nature, jusque-là peu maîtrisée. Aussi, durant les deux premières années, les bulletins, qui mentionnent de beaux succès dans les études, portent souvent la remarque : « caractère capricieux ». Mais, l'époque de la première communion arrivait, et on pouvait attendre de généreux efforts, de la part d'une enfant pleine de foi.

A l'approche du grand jour, Madeleine écrivit à son père et à son grand-père, leur demandant de se présenter, avec elle, à la table sainte. Elle ne reçut pas de réponse. Aussi, lorsque, la veille, elle était aux pieds de sa mère, pour lui demander sa bénédiction, avec le pardon des fautes de son enfance, elle fondit en larmes, s'écriant : « Ils ne sont pas venus ! »

Ils assistèrent, cependant, le lendemain, 19 Mai 1878, à la première communion et à la confirmation, qui lui furent données le même jour, par Sa Grandeur Mgr d'Outremont. Son père fut si profondément touché de la piété de sa chère fille, qu'il avouait n'avoir vu aucune de ses compagnes aussi recueillie.

Plus tard, en un jour anniversaire de cette fête, Madeleine écrira : « J'étais pure, j'étais blanche, j'étais aimée du Dieu qui disait : « Laissez venir à moi les petits enfants ». La première Il me communiait, et sur moi s'arrêtaient les regards de son cœur et ceux de sa Mère ; car j'étais entre toutes la plus indigne, la plus aimée, la plus bénie. A moi seule, qui ne l'entendis pas, ce jour-là, il vint me dire : « Tu es à moi pour toujours, nul autre cœur n'aura le tien. » — Que de fois, cependant, ce cœur qu'il choisissait lui a été fermé !

« Marie, qui savez combien Jésus m'aime, de grâce, oh ! dites-lui merci ! »

« Malgré de véritables et généreux efforts, dit une de ses maîtresses, Madeleine n'obtenait pas une pleine victoire sur ses défauts : la constance manquait à cette nature fière et indépendante. Comme il est fréquent à cet âge, elle

affichait parfois le contraire de ses sentiments ;
« elle ne voulait pas passer pour une dévote ».
Et cependant, nulle ne se préparait mieux à ses
communions. Elle laissait voir, alors, ses grands
sentiments de foi, et, pendant ses actions de
grâces, elle était au ciel. »

L'année qui suivit sa première communion,
l'annonce de la retraite annuelle fut loin de lui
sourire. Elle raconta plus tard, qu'elle avait pu
mal édifier quelques-unes de ses compagnes, en
leur faisant part de ses dispositions. Mais, prenant pour elle, dès le sermon d'ouverture, ce
que le Prédicateur disait des efforts que le
démon fait souvent, pour empêcher de bien
profiter d'une retraite, Madeleine se mit généreusement et très ostensiblement à suivre les
moindres recommandations.

Cette retraite affermit, dans sa jeune âme, les
fondements d'une foi vive et d'une piété sincère.

Madame Tronel garda de cette seconde communion de sa fille un souvenir, qu'elle rappelait
plusieurs années après : « Il y a aujourd'hui
13 ans, que ma chère Madeleine entendit le
premier appel du divin Jésus. Son père et moi

avions remarqué son recueillement, son air angélique à la sainte table.

« Le lendemain, j'allais au Bon-Pasteur, avec elle, faire visite à mon amie la Sœur Marie du Sacré-Cœur. Pendant la route, elle me fit part de son penchant pour la vie religieuse. Mais, comme elle ajoutait : « presque toutes nous avons eu cette pensée », je prenais cela un peu pour un enfantillage. Cependant, au parloir, en regardant le tableau de la Présentation de la Sainte Vierge, j'exprimai à Marie, le désir de voir un jour ma chère fille se consacrer à Dieu.

« Après notre visite, nous allâmes réciter notre chapelet, à la chapelle, et le souvenir de Sainte Madeleine me faisait réitérer, là, ma demande. »

De telles inspirations deviennent des sources de forces et de consolations, au moment du sacrifice.

En avril 1882, le même Prédicateur revint à Notre-Dame, pour les exercices de la Retraite. Cette fois, Madeleine, qui ne s'était pas adressée à lui précédemment, se présenta une des premières, « afin, disait-elle, de mieux faire sa retraite, et de pouvoir revenir plus facilement chercher les conseils dont elle avait besoin. »

Ces dispositions furent bénies du ciel, et c'est cette connaissance, faite sous le regard de Dieu, qui la ramènera plus facilement, quelques années plus tard.

Madame Tronel voyait, avec bonheur, sa fille prendre de plus en plus de l'empire sur elle-même, et triompher peu à peu de sa nature portée aux extrêmes. Elle profita des bons témoignages de satisfaction, donnés par les Maîtresses, pour demander l'admission de Madeleine, dans la Congrégation de la très Sainte-Vierge.

La cérémonie de consécration eut lieu, le 21 juin de cette année 1882, et fut présidée par Monseigneur d'Outremont. Le souvenir de cette fête resta profondément gravé, dans le cœur de la nouvelle Enfant de Marie.

Toutefois, ayant appris l'intervention de sa mère, elle disait : « C'est par charité que j'ai été admise! c'est plutôt ma mère que moi que l'on a reçue. J'en suis profondément humiliée. »

Cette réception n'en produisit pas moins d'heureux fruits ; car le bulletin de juillet, en même temps qu'il ne porte qu'une seule place de seconde, au milieu de 31 places de première, donne au caractère la note : « plus sérieux ».

On n'eut pas lieu de se repentir de l'avoir accueillie, parmi les Congréganistes de la très Sainte Vierge, et elle devint bientôt secrétaire de la pieuse association. La petite chapelle des Enfants de Marie eut, dès lors, sa prédilection, et, c'est là, qu'elle aimait à venir se recommander à la Reine du Ciel, Marie Immaculée, en qui elle avait une confiance toute filiale.

A mesure que les années s'écoulaient, Madeleine comprenait mieux le besoin de s'affermir, dans une véritable piété. Les luttes passées ne la laissaient pas sans inquiétudes, sur celles de l'avenir.

Dieu avait heureusement placé, près d'elle, une compagne digne de son amitié. Les religieuses de Notre-Dame ne virent pas tout d'abord, d'un bon œil, l'union qui s'établissait entre deux natures si différentes.

Autant l'une était ardente, emportée, avec une

imagination vive et un esprit indépendant; autant l'autre était douce, paisible, raisonnable et pieusement appliquée à tous ses devoirs. Toutefois, les bons effets de cette amitié ne tardèrent pas à se révéler, et les Maîtresses furent tranquillisées. Les deux amies, en effet, s'aimaient sincèrement, se voulaient mutuellement du bien. Mais, tandis que Madeleine s'appuyait sur Marie, sentant qu'elle avait besoin d'être soutenue, celle-ci avait conscience de l'influence qu'elle était heureuse d'exercer, sur un cœur si généreux.

Peu à peu l'échange de bons conseils, et l'influence de pieux exemples augmentèrent leur intimité, au point que les deux amies se considérèrent bientôt comme deux sœurs.

Madame Tronel approuva, elle aussi, cette liaison, qui lui sembla formée selon les desseins de la divine Providence. Elle prévoyait l'avenir, et pensait justement, que sa fille trouverait, dans son amie, une force et une consolation, qu'elle ne pourrait pas seule lui procurer. Elle en voyait l'assurance dans les heureux fruits que portait déjà cette amitié.

Les dernières années du pensionnat se passè-
rent avec des progrès, qui s'élevèrent du bien au
très bien, et furent couronnés par le brevet,
obtenu, le 3 mars 1884.

Madeleine était attendue avec impatience à la
maison paternelle. Toutes ces manifestations de
joie, sans la surprendre, lui donnaient l'occasion
de rappeler les reproches qui lui étaient si souvent adressés.

« Réellement, écrivait-elle, vous me donnez
tous une trop bonne opinion de moi-même.
Pourquoi donc tant me désirer, puisque vous
vous plaignez que je suis maligne, que je ne vaux
pas cher ?... J'en suis toute confuse et toute réjouie ; mieux vaut cela qu'autre chose, et cette
petite satisfaction en demande d'autres en retour.
Je vous embrasse tous, avec mon cœur des
meilleurs jours. »

Ce n'était pas, cependant, sans regret, qu'elle
quittait son cher pensionnat. Déjà, en avril, aux
vacances de Pâques, elle écrivait à son amie :
« Dernière rentrée, dernier trimestre ! C'est so-

lennel, c'est triste, c'est cruel même ! Et dire qu'on ne peut pas faire reculer les années, dire que bientôt nous n'aurons plus de place à Notre-Dame. Cela serre le cœur. »

Ce témoignage est de ceux qui font en même temps l'éloge des élèves et celui de leurs dignes Maîtresses.

En voici un autre, écrit le soir même du départ, alors que les pensées de liberté prennent ordinairement tant de place, dans de jeunes cœurs.

« 30 Juillet 1884.

« Date mémorable ! Souvenir à la fois doux et triste ! Qu'elle me rappelle plus tard, quand les gros chagrins viendront m'accabler, cette douleur que, déjà, je trouvais bien forte, et qui n'est qu'un petit début.

« Mon pauvre cœur est serré, depuis tant de jours. Il y a tant de regrets et une si grande tristesse, au fond de cette séparation, de cet adieu dit pour toujours à mon cher Couvent !

« Depuis huit ans, j'y habitais, j'y étais aimée, j'y aimais ; depuis huit ans, on me prodiguait,

là, des trésors de tendresse et de dévouement,
et il a fallu tout quitter.... pour toujours !....
Jamais je ne serai plus pensionnaire, jamais
on ne me grondera plus, on ne m'encouragera
plus, avec cette franche amitié qui faisait accepter facilement les reproches, et rendait efficaces
les avertissements.

« Oui ! j'avais, là, toute une famille, j'avais, là,
bien des Mères..... Elles ont été bonnes jusqu'à
la fin, et je dirai même, surtout à la fin.

« Mes bonnes sœurs Joséphine, Marie, Marie
Léa, Marie Gabrielle.... je ne veux jamais vous
oublier, ni mon cher Pensionnat non plus.

« En arrivant prendre place au foyer, où l'on
m'attend avec tant d'impatience, ma première
pensée a été pour Marie, mon premier baiser,
pour la petite grotte qu'on lui a faite au jardin.
Puisse ce premier hommage me protéger toujours !

« O Marie, puissé-je toujours

« Vous aimer !

« Aimer mes Mères !

« Aimer mon pensionnat chéri !

« Et aussi ma bonne amie, qui communique

avec moi, de...., par le souvenir et par la communauté des regrets et des espérances.

« Maintenant, à la garde de Dieu !

« Et me rappelant toujours les dernières recommandations, les dernières bonnes paroles de mes Mères, prenons pour gouvernail : le *devoir*, et pour aide : le *dévouement* et le *travail*.

« Courage et espérance !

« Oublions-nous !.... »

§ II. — **Vie de famille.**

Lorsque l'on va d'Yvré-l'Evêque à Changé, à moitié chemin, on trouve une maison, près de laquelle, de vastes bâtiments servent à une briqueterie ; des arbres d'une belle venue entourent ces constructions, et des eaux vives rendent ce lieu très agréable.

C'est La Bonde.

Une fois la porte franchie, on est dans une cour, au fond de laquelle s'étend la maison d'habitation. Il faut la traverser pour descendre dans le vaste jardin, et, par lui, on aboutit à un petit bois, que des allées bien tracées transforment en parc délicieux. Au centre, a été construite la grotte de sainte Madeleine, surmontée d'une belle statue de la très Sainte Vierge; plus loin, au détour d'une allée, le glorieux saint Joseph, du haut de son tertre, semble accorder sa bénédiction à ceux qui passent sur le chemin. Ce sera l'endroit préféré de Madeleine. Elle y viendra invoquer son puissant Protecteur, et contempler près de lui, les beautés de la nature, qui parleront toujours si vivement à son intelligence et à son cœur. Tous ces lieux, déjà si remplis des souvenirs de son enfance, vont s'embellir de sa jeunesse.

« J'ai retrouvé ce que j'aime, s'écrie-t-elle, La Bonde et les miens. C'est bon cet air des bois que je respire avec amour ! Les arbres qu'on a vus pousser, les chemins que, tous les jours, on retrouve solitaires, libres, fleuris, peuplés de vieux rêves de bonheur, de doux souvenirs. Avec quel plaisir je reconnais tout, je reçois d'un cœur reconnaissant, les bienfaits de notre soleil.... »

Mais plus encore l'amour des siens la rend heureuse ; elle se voit le centre de l'affection des habitants de La Bonde. Que n'a-t-on pas fait pour le lui montrer? Elle trouve sa chambre de jeune fille toute renouvelée, les parterres sont pleins des fleurs qu'elle aime... tous ses désirs ont été satisfaits, avant qu'elle ait eu besoin de les manifester.

Madeleine sait apprécier tous ces dons, et son cœur reconnaissant cherche à venir au devant de ce que l'on peut désirer d'elle. Ce n'était pas toujours facile : d'un côté il y avait, parfois, bien des exigences, de l'autre, la nature restait un peu vive et indépendante, malgré les résolutions prises. Il faut bien le dire aussi, cette vie n'était pas sans quelque mélange de peines, et le milieu où elle se trouvait ne lui apportait pas seulement des distractions.

« Ses Pères », comme elle les appelait souvent, étaient occupés de leurs affaires, et les journées se passaient près de sa mère. Celle-ci, heureusement, comprenait que sa chère fille ne pouvait pas devenir tout d'un coup la compagne de sa vie, d'autant plus qu'une faible santé ne lui permettait pas de sortir facilement de la maison.

Secondant le goût intellectuel de sa fille, elle

la laissait volontiers s'adonner à des lectures,
qu'elle savait faire diriger par les anciennes
Maîtresses. Le voisinage du Mans permettait
aussi de fréquentes visites, aux parents et amies
qui s'y trouvaient ; mais, de plus, heureuse des
relations que Madeleine s'était créées avec ses
compagnes de pension, elle cherchait à les
entretenir. Parmi toutes ces amies, Marie resta
toujours la première, la plus intime, et toutes
les deux, comme deux sœurs, furent souvent
réunies soit à La Bonde, soit à X....

Dès le mois de novembre, La Bonde cède Madeleine à Marie, pour plusieurs jours, et l'on y
reçoit, dès le lendemain, des remerciements :

« Marie est heureuse de la permission. Elle
est comme les autres, la pauvre fille. Elle tient à
une personne qui ne vaut guère, et qui lui fait
mille malices. Toujours est-il qu'elle est charmante pour moi, et qu'elle vous garde profonde
reconnaissance, pour le prêt de ma personne
pendant quinze jours. »

A sa pieuse mère, elle ne veut pas laisser
ignorer ce qu'elle devient, près de son amie, au
point de vue de la piété.

« J'ai dignement, ou plutôt, j'ai honoré de
mon faible petit mieux, le premier vendredi du
mois. Ici, je ne perds rien, je gagne. Nous
sommes pour X..., de vrais modèles : nos exercices de piété nous prennent une heure et demie,
chaque jour, et cela, avec un sérieux et une ferveur presque admirables. Il fait toujours bon se
vanter, aussi ne t'étonne pas si je *nous* loue si
fort. Le fait est que nous ne changeons rien à
nos habitudes de piété, tandis que toutes les
autres sont nécessairement contrariées. »

Mais quinze jours paraissent longs à ceux qui
se sont séparés d'elle, son grand-père surtout la
réclame : « Je prie mon cher grand-père, écrit-
elle, de se décider tout à fait à encore prendre un
peu de patience ; sa petite fille lui reviendra
bientôt et pour longtemps. Je pense souvent à
lui, comme à vous tous, et ce n'est jamais sans
désirer vivement vous revoir et vous embrasser.
Pourquoi faut-il qu'un bonheur coupe cours entièrement à l'autre ? Ainsi la vie ! »

Elle revient, au jour fixé, « à sa chère Bonde »,
emportant la promesse que Marie se rendra à
l'invitation pressante qu'elle a reçue. Il faut que

cette amie entre dans la famille, y soit connue, aimée.

Lorsque ces jours, si impatiemment attendus, arrivent, son cœur déborde de joie.

« Marie vient !.... Je me sens vivre.... elle m'apporte tant de douceur, de confiance, de bonheur ! »

Mais, les jours passent d'autant plus vite qu'ils sont mieux remplis. C'est en vain que l'on voudrait multiplier les heures, elles s'échappent trop rapidement.

« Marie me quitte ! Je suis restée avec ma solitude et mes pensées bien tristes. Oh ! que le vide est plein d'amertume, que tout semble vain, insipide, fatigant, quand on redevient seule ! J'aimais de tout mon cœur cette bonne vie à deux, je la voudrais comme cela toujours.

« Depuis votre départ, je n'ai pas encore vu une nouvelle semaine et déjà je crois qu'il y a bien un mois que nous nous sommes séparées de nouveau : déjà je me demande quand nous nous reverrons....

« Que c'est triste de se trouver tout à coup en face du vide et de la séparation ! Il me manquait

quelqu'un, je croyais presque que je me faisais
défaut. Et, au fait, n'est-ce pas la moitié de moi-
même que vous emportiez, puisque l'amitié ramène tout à l'unité.

« Je suis toujours sur le point de rentrer dans
notre chambre commune ; j'y jette un regard
furtif et referme tristement la porte. Il n'y a plus
de malle, plus de livres, plus de nos effets à
nous deux, plus ou moins en désordre, plus
rien qu'un grand vide.... Je me promène seule
dans le petit bois ; j'y prie la Vierge du pin, pour
nous deux, je me plonge dans mes souvenirs,
si bons, si doux. »

Organiser sa vie n'est pas l'affaire d'un jour ;
il y faut du soin et de la constance. Assurément,
Madeleine désirait y arriver, mais, moins que
beaucoup d'autres, elle trouvait en elle-même
les ressources d'un caractère facile à se plier aux
exigences d'une vie tranquille. « Pauvres cen-
drillons que nous sommes, écrit-elle, il nous
faut toujours garder la maison. Je l'aime beaucoup ; mais j'aimerais encore davantage la

liberté de la quitter! » Et encore : « Le travail manuel, que je goûte peu, ma vie calme et presque solitaire.... ma froideur pour Dieu, me rendent la vie ennuyeuse et vide de bonheur. » Elle ajoute bientôt : « Je me remets à l'étude, c'est mon seul plaisir, mon unique jouissance. »

Le cœur de Madeleine était trop plein de dévouement et de charité, pour que sa mère, qui le connaissait bien, ne s'adressât pas à lui. Dès que sa fille est de retour près d'elle, Madame Tronel lui propose d'habiller un enfant, à Noël. Le travail est accepté avec plaisir, et chaque année ramènera jusqu'à la fin, cette œuvre de charité.

Ce fut du reste le propre de la nature de Madeleine, de ne plus laisser une œuvre de générosité, une fois qu'elle l'eût commencée.

Lorsqu'elle se mettra à faire le catéchisme, son zèle ne fera que s'accroître, et elle aura jusqu'à sept enfants, dans sa petite école. Si elle les instruit, elle les soigne aussi de toutes manières, et les suit de ses conseils et de sa protection, après qu'ils ont fait leur première communion.

Comme elle les aime !

La veille de la première communion elle écrit :
« J'ai quitté, ce soir, mes enfants, le cœur
ouvert, heureux, ému. Ils sont si gentils, si
calmes, si recueillis, si bons ! Oh ! mes chers
petits, combien je les aime, et que ne donnerais-
je pas, pour leur garder toujours « leur âme
blanche » de ce soir ! Sainte pureté, que tu es
belle, sur le front d'un enfant ! Oui ! chez ce
peuple indifférent, il y a du cœur et du bon.

« On pourrait, en laissant place à de généreux
sentiments, y faire des merveilles.

« Beau soir ; je me couche heureuse, d'une
joie si calme, si tranquille, si douce ! »

« *Ascension* — Communion de mes sept.
Cette journée me laisse un bien bon souvenir,
elle a eu de fort beaux instants. Mes sept étaient
si gentils ! Leurs parents si reconnaissants, si
heureux ! »

Mais, le lendemain, il faut dire adieu à ces
chers catéchisés : « Ils vont partir par toutes les
routes, et me laisser seule dégarnir leur autel,
et pleurer un bonheur, auquel je tenais sans
m'en apercevoir. »

Ces lignes sont extraites de son journal, commencé le 1er Janvier 1885, et qui se continuera, jusqu'à la fin de son séjour à La Bonde. Nouveau témoignage de sa persévérante volonté, et mine précieuse, qui nous permettra de reproduire quelque chose des trésors de son intelligence et de son cœur.

§ III. — **Premières luttes.**

Un poète a dit :

> Je ne puis, malgré moi l'infini me tourmente.

Ainsi en est-il des âmes que Dieu a marquées du sceau de l'immortalité ; elles ont beau faire, si elles ne marchent pas sur le chemin de leurs destinées, elles portent avec elles, un besoin insatiable, un désir irréalisable du bonheur, que l'on ne peut trouver qu'en Dieu, vérité, beauté, bonté infinies.

Cela, on le peut dire aussi, des âmes auxquelles Dieu adresse un appel particulier pour la perfection. Elles sont sollicitées par une voix intérieure, qui les empêche de trouver le repos.

le bonheur, dans la pratique des seuls comman-
dements de Dieu. Voudraient-elles s'arrêter à
cueillir ces fleurs, que Dieu a semées nombreuses sur le chemin du devoir chrétien, elles
n'y trouvent que peine et désenchantement. La
divine Providence s'y prend ainsi pour conduire
les âmes au but auquel elles sont destinées.

Madeleine se demanda, un jour : « Seigneur
qu'avez-vous dit à mon âme, le jour où vous
vous êtes donné à elle, pour la première fois? »

La réponse était plus vivante dans son cœur
qu'elle ne voulait le croire. A chaque page de
son journal, on en trouve des traces.

Dès le 13 janvier 1885, elle écrit : « J'ai eu
l'idée, ce soir, que je serais privée, séparée des
choses que j'aime, qui font mon bonheur. Quand
et comment? — Jésus, je vous demande, pour
cette heure, beaucoup de générosité. »

Puis le 16 : « Ce matin, j'ai presque senti de
l'attrait pour ce qui me fait peur. » Et cette
peur la trouble tellement que, revêtue pour un
instant des habits d'une religieuse, et baptisée
« Sœur Zodiaque », elle écrit :

« On m'a mis de force l'habit. J'en ai pleuré!

Ces vêtements me semblaient de feu, leur contact irritait toutes mes répulsions. »

Pourquoi des répulsions si vives? Pour une autre, il n'y aurait eu là qu'un amusement.

Que de peines elle va semer sur son chemin! Pourvu qu'elle n'y rencontre pas de dangers! Il est difficile, en effet, de ne pas s'y exposer lorsqu'on passe à côté des grâces préparées par la bonté divine.

Ne s'en rend-elle pas compte elle-même?

« Je fais souffrir, je méprise les grâces, je joue avec mon âme; je paierai cher tout cela. Et si j'avais voulu!...»

Elle fait souffrir, parce que son esprit d'indépendance inquiète parfois sa mère, et parce qu'elle n'a pas toujours, pour son père et son grand'père, les aimables prévenances qu'ils attendent d'elle. A charge à elle-même, elle le devient aux autres.

« Pour la première fois, écrit-elle, le 27 Juillet, j'ai eu la grandeur de m'humilier, de réparer mes torts! »

Mais, trois jours après, elle ajoute : « Victorieuse, mon triomphe m'effraie. J'ai peur du bien, peur de ce chemin qui pourrait me conduire trop loin...»

Cependant, elle ne refuse pas le bienfait de la retraite qui l'attend, en octobre. Il est vrai qu'elle va revoir son couvent, et qu'elle se réjouit de retrouver ses maîtresses et ses anciennes compagnes; mais elle ouvrira aussi son cœur aux grâces qui lui seront offertes.

Voici avec quels sentiments elle revient :

« Merci, mon Dieu; soyez béni pour le bienfait de la retraite.

« Quelle tristesse, en m'éloignant et en quittant S. C. Les larmes coulent, et mon pauvre cœur, (qui n'aime pas), semble bien souffrir. Mon Dieu, faites que je lui doive mon salut : donnez-lui toutes les grâces que je repousse. »

Quelques jours après : « S. C. m'absorbe. Je voudrais la revoir, lui parler, lui dire les bonnes pensées que ses paroles ont éveillées en moi. Petite sœur chérie, « bonne petite mère, » votre enfant devient meilleure, soyez-en bénie !

« Dévouons-nous et rendons tous les miens heureux. »

Madeleine n'était malheureusement pas complètement sortie du vague où elle restait, au sujet de sa vocation. L'avait-elle seulement étudiée sérieusement? Rien ne le fait penser; car on la retrouve toujours avec les mêmes perplexités.

« Je suis faite pour Dieu et je ne veux pas de Lui.

« Qu'est-ce qui me poursuit ainsi? à qui pourrai-je me rendre?

« Mon Dieu, tout, excepté l'abandon et le bonheur qui pourrait me perdre. »

⁂

Les grandes leçons ne lui étaient pas épargnées : trois de ses compagnes, en un an, étaient entrées dans leur éternité.

« Berthe est morte. Je ne le puis croire, et cependant je l'ai vue et baisée; j'ai senti le souffle de la mort se poser froid, sur mes lèvres tremblantes de respect. Elle n'est plus!... Elle a vécu!... Elle est tombée au début de sa course, à l'âge où l'on est encore toute vie, au milieu de ses rêves et de son bonheur.

« Qu'a-t-elle vu depuis ? qu'a-t-elle appris, que sait-elle sur l'Eternité ?

« Un jour, on dira de moi ce que l'on dit d'elle, aujourd'hui : elle est morte !

« Mon Dieu faites-moi faire, non pas ce que je désire, mais ce que vous voulez de moi, pour mon plus grand bien.

« Que vaut le temps ? Nous ne le saurons que dans l'Eternité. Et jusque-là l'ennemi nous endort. »

Hélas ! l'ennemi n'agissait que trop pour l'endormir. Comme toujours, il s'en prenait à sa piété.

« Je ne comprends plus la piété, son dévouement, ses ardeurs, ses sacrifices ! Il me semble que je ne suis ni de la même nature que les saints ni du même temps. »

(1) Que se passa-t-il alors ? Quelle fut l'occasion qui amena la tempête, et, avec elle, le danger ?

____

(1) En lisant ces pages où Madeleine parle si sévèrement d'elle-même, il faut avoir égard à la délicatesse de sa conscience, qui fut toujours très grande. Elle n'eut aucune faute à se reprocher, et la pensée ne lui en vint même pas. Seulement, elle céda inconsidérément et sans prendre

Son journal porte trois fois, à plusieurs jours d'intervalle, ces seuls mots : « On m'avait dit : « *faites bien attention.* »

Mais à son amie elle écrira, le 7 octobre 1887 : « L'hiver s'annonce peu joyeux, à La Bonde, la souffrance s'approche des miens, et quelle joie goûter, quand on voit souffrir !... Cependant, je ne fais pas assez pour conjurer ce malheur. Je voudrais être bonne, bien bonne, expier toute seule... et je ne puis réussir qu'à me trouver toujours la même, toujours Madeleine, cherchant, courant, appelant je ne sais quel rêve, je ne sais quel fantôme d'illusion qui fuit loin, bien loin, qui n'est rien de ce qui rend heureux, de ce qu'elle demande, mais qui absorbe trop ses forces morales, qui lui empêche le vrai courage et le vrai dévouement..... Il faut que je me convertisse, que je brûle, que je détruise ce que j'aime tant à caresser ; il faut que je ramène ma volonté dans une autre voie, il faut que

conseil, à une pensée de générosité, qui la portait à ouvrir son cœur à un amour humain. C'en fut assez, pour la jeter dans de grands troubles et rendre ses pratiques de piété plus difficiles.

NOTE DE SON DIRECTEUR.

j'aime davantage et mieux, que je haïsse plus
fort ce qu'il me faut fuir ! Il faut que je prie bien
fort. Et si vous saviez quel cœur c'est que le
mien, et ce qu'il sait encore dire ? Ma Marie,
priez pour moi, priez pour les miens, avec votre
pure et bonne petite âme de fidèle amie, avec
vos ennuis, avec vos tristesses, avec vos croix,
qui déjà vous ont faite grande et puissante
devant Dieu, priez pour moi, avec votre cœur,
avec cet amour que vous avez promis de me
donner toujours. Oh ! qu'elle m'a touchée, comme
je l'ai recueillie précieusement cette parole :
« courage mon amie, je suis là pour bien vous
aimer. » Vous m'en avez peu dit de semblables.
J'ai rarement compris aussi bien la force d'une
amitié et tout le courage qu'une confiance sans
bornes dans cette promesse, peut mettre au
fond du cœur. Oui, vous serez là si je souffre ;
vous serez là si je suis malheureuse et si je
m'égare.....

Trois ans après, elle dépeindra mieux encore,
dans son journal, la lutte et la victoire rempor-
tée, en ces jours malheureux.

« Souvenons-nous du passé pour bénir le

Seigneur. Il y a trois ans, j'allais passer une bien
triste journée : heures de troubles, de souffrances, heures qui s'écoulaient lentement, et,
passant devant le bon Maître, lui criaient :
« Elle ne te connaît plus. » Je tairai cette
longue suite de pensées douloureuses, de serre-
ments de cœur, cette oppression, cet effroi, ces
angoisses qui, par le mal lui-même, punissaient
mon imprudence. J'arrive tout droit à l'instant
béni de la Miséricorde. Je rappelle ces quelques
reproches, ces craintes, ces larmes de ma mère,
cette douleur, qui, sans m'attendrir, m'ont
touchée. Je vois qu'on m'enlève ce voile... Le
pied de la statue chancelle, le coup est porté,
mon idole se brise, j'en ai les débris plein le
cœur... et le flot du dégoût monte, une mer de
confusion saisit mon âme humiliée, et subitement je romps ma chaîne ; mais sans la rejeter,
car j'en porterai tout le poids, pendant de longs
jours encore.

« Qu'ai-je éprouvé, dans ce moment? Je ne
puis trop le dire. J'ose affirmer cependant, que la
rupture me fut moins pénible que le devenait
le joug accepté, qu'il y eut dans mon âme un

premier cri de délivrance, que mes larmes n'étaient point trop amères, quand le cœur agité en pleine tempête, j'allai me jeter aux pieds du crucifix, en disant de toutes mes forces, à travers presque des sanglots : « Merci mon Dieu! Merci mon Dieu ! Merci mon Dieu !

« Ce fut là mon seul retour vers Lui. Je ne pensais point à lui donner mon cœur, pour qu'il le purifiât, pour qu'il en soignât les blessures; je ne demandais pas à sa force de m'enlever ces liens, qui n'étaient que brisés, qui pouvaient se renouer encore. Malheureuse jusqu'au bout, je me détournais vite de la voie, où je craignais de trouver Jésus, et, portant, dans la solitude du soir, non pas des prières à notre chapelle du jardin, mais des pensées que je regardais encore avec complaisance, des volontés sans appui, je plaçai sur le chemin, à un endroit dont je me souviens, le cri de rage, que l'enfer poussait par ma voix : « Non, je ne serai jamais religieuse ! » — Ah ! Satan voyait bien déjà le regard de Jésus, fixé sur moi avec amour et miséricorde, et il tremblait de me perdre....

« Il avait raison. Quand Jésus aime, comme il m'a aimée, après ce que je lui ai causé de tristesse, et malgré les offenses et les ingratitudes, oh ! Satan doit trembler que l'âme enfin saisie par ses bras maternels, et plongée dans ce cœur dont les battements sont des soupirs d'amour, ne voie s'ouvrir en elle un abîme de reconnaissance, et embrasse enfin une tout autre vie. Aujourd'hui, mon Jésus, dans votre cœur sacré, en face de l'avenir qui se laisse deviner, pardon... reconnaissance.... amour. »

Nous sommes éloquemment renseignés sur l'imprudence commise et sur les dangers auxquels l'avait exposée sa légèreté, suite de son insoumission.

Le venin s'insinue vite ; mais qu'il est difficile au pauvre cœur humain de s'en débarrasser ! Les traces du malaise se suivent au travers de nombreuses pages, avec des alternatives de force et de défaillances.

« Je ne vis pas, je me traîne douloureusement, je n'accepte aucune loi, n'écoute aucun devoir, ne me donne à rien.... Pas de dévouement, et c'était mon rêve !

« Mon Dieu, que je souffre encore davantage
pour arriver à guérir.

« Oui, dans ce cœur, il y a un grand vide,
et ce vide c'est moi qui l'ai fait, en chassant le
Bon Dieu. Ce cœur se replie, s'égare, s'inquiète.

« Mon Dieu, quelle place avez-vous dans mon
cœur? Si j'y pénètre, si je vous y cherche, quel
chemin ne dois-je pas faire, pour vous trouver
relégué tout au fond d'une demeure, que vous
refusez de quitter. Si vos ennemis s'éloignent,
aussitôt vous cherchez à faire grandir mon
amour. Mais, les voilà!... Je cours et vous
laisse de nouveau. Beauté que je ne veux pas
connaître ! »

§ IV. — Conversion.

Pour aller plus avant dans ses desseins de miséricorde sur cette âme, Dieu frappait autour
d'elle des coups sensibles à son cœur.

Elle se préparait à se rendre chez son amie,
lorsqu'elle apprit la mort de la grand'mère de
Marie.

« Je partais heureuse, quand cette nouvelle

m'arrive et me montre ma meilleure amie, au milieu du deuil, de la peine et des larmes. Je cours à elle....

« Ma Marie est calme, heureuse de m'avoir.

« En la voyant descendre les marches de l'autel, triste et grave sous ses vêtements de deuil, je pensais que celle que nous plaignons tant et qui pleure est plus heureuse que moi, dont le bonheur, en apparence, n'a point encore été atteint. Je pensais que la pauvre orpheline est tout près du cœur du Bon Dieu, qu'Il l'aime, qu'Il la protège et la consolera tendrement ; je pensais que la souffrance est une belle et grande chose, et que, sans le vouloir penser, on est heureux de souffrir. »

Cette souffrance qu'elle semblait désirer, Dieu ne sera pas longtemps, sans lui en présenter la coupe pleine d'amertume.

Il veut la préparer encore, en la conduisant à la cathédrale du Mans, entendre un sermon sur la douleur.

Elle écrit : « Sermon à la Cathédrale pour moi. *La douleur doit nous sauver*. Quand une âme s'est détournée de Dieu et de sa fin, quand elle

a jeté aux créatures, ce cœur qu'il lui demandait, Dieu la frappe de coups cruels, il détourne
à son tour de ce cœur, ceux qui le lui ont ravi ;
il les lui enlève par la mort, l'abandon, l'oubli.
Et, soit qu'elle agisse lentement, soit qu'elle
frappe avec rapidité, sa grâce puissante ramène
à ses pieds la brebis perdue, fidèle de nouveau,
mais couverte de blessures, que lui seul peut
fermer. C'est la vengeance dont Dieu poursuit
ceux qu'il aime. Il ne la punit que pour la sauver ; il ne la fait souffrir en cette vie, que pour
l'épargner en l'autre. »

Comme elle appréciera plus tard cette pensée,
et comme elle s'en inspirera, pour triompher
des plus grands obstacles ! Pour le moment,
Dieu l'avait préparée par là, aux angoisses terribles du cœur.

Son « grand-Père chéri » tomba malade, quelques jours après, et, par suite de l'âge et d'une
maladie de cœur déjà déclarée, l'état devint
immédiatement très grave. Lorsque la mort
sembla vouloir entrer dans la maison, et frapper
un coup, que Madeleine redoutait par-dessus
tout, son cœur se révéla dans toute sa tendresse

et dans toute sa générosité. Sous l'inspiration de sa foi et de son amour filial, elle s'offrit en victime, abandonnant sa vie entre les mains de Dieu, pour obtenir que cette âme si chère n'entrât pas, dans l'Eternité, sans être réconciliée avec son Créateur.

Elle fut exaucée. La santé revint à celui qu'elle aimait plus qu'elle-même. Sa reconnaissance s'exprima de toute manière, aux pieds de Jésus et de Marie. Mais, par la blessure de son sacrifice, une grâce nouvelle avait pénétré dans son cœur.

L'ange de l'amitié peut se présenter, il sera écouté.

Cette amie, si éprouvée, était venue chercher un peu de consolation et de repos, à La Bonde, où on l'accueillait mieux que jamais, comme la sœur de Madeleine. Dans les longs entretiens qu'elles eurent ensemble, Marie ne tarda pas à sonder ce malaise, que son amie lui révélait, et à y voir un mal qu'elle ne pouvait pas guérir elle-même. Là où son influence fraternelle était impuissante, elle jugea qu'il fallait le ministère d'un prêtre, du Directeur qu'elle consultait à ses passages au Mans. Elle vint le trouver et lui fit part de ses inquiétudes.

« Je ne sais plus que faire, » dit-elle, avec tristesse. « Amenez-la moi, si vous le pouvez, » lui fut-il répondu.

Elle partit heureuse, promettant de tout tenter pour cela.

Dans les premiers jours de Juin, le Père X... se trouvant au Carmel, occupé aux confessions, on vint l'avertir qu'il était demandé au parloir. Il s'y rendit aussitôt. Lorsque la porte s'ouvrit, donnant passage aux deux jeunes filles, Marie lui dit tout émue : « Mon Père, la voilà ! Je vous l'amène ! » Et, se retirant, elle laissa seule son amie, dont le nom n'avait pas été prononcé.

Madeleine, après bien des hésitations, avait enfin accepté, en souvenir des retraites du temps passé, de se rendre aux instances de son amie. Mais, elle croyait faire la visite, en sa compagnie.

Surprise d'être seule, elle prit cependant assez d'assurance, pour répondre avec simplicité aux différentes questions qui lui furent adressées, sur ce qui concernait sa vie de piété. Elle accepta même, quoique avec timidité, de revenir au moins de temps en temps, lorsque ses courses la conduiraient au Mans.

L'avenir montra que la grâce de Dieu descendit sur cette résolution.

Dès lors commença cette direction, qui ne fut jamais interrompue, jusqu'au moment de l'acceptation pleine et entière de la très sainte volonté de Dieu, ou plutôt, jusqu'au moment de son accomplissement si parfait.

Toutefois, ce ne fut pas sans difficulté et sans surmonter bien des résistances, que Madeleine accepta cette direction. Peu de temps après les premiers entretiens, elle écrivait : « Voilà que j'ai très froid au cœur, que tout ce que je logeais de vieilles idées se réveille pour me troubler, que je me demande à quoi bon cette direction, que j'ai tant attaquée autrefois. Et pourquoi ne marcherais-je pas toute seule?... Vivre dans le calme, vivre dans la paix ! Mais, c'est tout l'opposé du besoin que j'éprouve ; c'est tout l'opposé de mes secrets désirs. Depuis 2 ans et plus, je me suis soustraite à toute direction. Je l'ai quittée pour courir aventure, pour chercher, pour connaître, être libre et vagabonder, et voilà qu'on me ramène, et que j'éprouve toutes les frayeurs possibles à m'engager dans cette voie, où l'on ne peut ni courir, ni s'égarer, ni voler, ni s'échapper ! »

Oui, il lui en coûta ; mais sa volonté triomphante remettait sa nature, sous le joug bienfaisant du Seigneur.

Dans la même lettre, elle ajoutait : « Mais, si je crains, si je souffre, ma volonté demeure maîtresse cependant, elle me rattache victorieusement et plus fort que jamais. »

L'ange veillait aussi, pour ne pas laisser tomber les premiers élans de courage.

« Ce que vous me dites, ma bien chère amie, écrivait Marie, m'a rendue bien heureuse, j'ai éprouvé une joie intime et vraie, du bien que vous avait fait la visite de l'autre jour.....

« J'ai regretté que vous ayez laissé inachevée cette phrase : « J'y suis retournée toute seule, et pourtant depuis..... » A vous dire vrai, je n'ai pu découvrir la suite, le vrai sens m'a échappé. Oh ! Madeleine, si vous vous étiez rendue plus tôt, si vous ne vous étiez laissée endormir, dans cet état pénible et dangereux, que de regrets et d'inquiétudes vous vous seriez épargnés. Votre cœur est fait pour se donner beaucoup, voilà pourquoi le bon Dieu exige davantage et vous veut, non seulement bonne, mais presque parfaite.

« Savez-vous aussi ce qui me fait plaisir, dans ce que vous m'annoncez ? C'est un enfantillage peut-être, mais n'importe, il a bien son côté sérieux. J'aime que nous ayons le même directeur. Saint François de Sales dit qu'il faut le choisir, non pas entre cent mais entre mille ; et, dans ce choix si difficile, nous nous sommes rencontrées ; c'est une preuve encore que notre amitié tient à des bases solides, puisque du côté spirituel, nos âmes suivent le même guide et puisent aux mêmes conseils.

« Je savais combien cette démarche vous était nécessaire, combien vous aviez besoin de quelqu'un connaissant bien les cœurs et les âmes. Ah ! mon amie, suivez la bonne impulsion du moment... Vous en avez tant besoin ! »

La lutte durait toujours. Madeleine écrit, le 9 juin : « Ce matin, je souffrais, je combattais,

j'étais victorieuse ; ce soir, je souffrais davantage, je combattais mal, je m'engageais trop. »

Le 19 Juin : « 70 ans ! Mon bon grand-père !
Oh ! comme je t'aime ! Reste-moi et sois rendu
à Dieu ! »

Le souvenir de l'offrande faite ne s'effacera
plus de sa mémoire, et quelle force il donnera à
sa volonté.

Cependant la peine est toujours grande. « Ai-
je la paix ? Non. Ai-je le bonheur ? Encore
moins. Le bien que j'ai dissipé ne me sera pas
rendu. Dégoûtée, fatiguée, je me traîne indifférente, entre deux attachements brisés et qui me
serrent encore. Je suis malade ; mais, c'est ma
faute. »

Elle écrivait ces lignes sur son journal, le
26 juin, et, à la même date, Marie continuait
son œuvre, en lui envoyant cette lettre.

« Dimanche, 26 juin :
« Merci, ma chère et tant aimée Madeleine, pour
votre longue lettre tout intime et pour moi toute
seule.....

« Que me dites-vous, que vous n'avez pas
encore livré votre âme ? Eh quoi ! Mon amie,

votre âme n'est-elle pas livrée, du jour où vous
vous êtes agenouillée près du prêtre, où vous
lui avez dit ce qui vous tourmentait, ce qui vous
empêchait d'être pieuse et toute entière au
service de Dieu? Mais, ne la livrez-vous pas
votre âme, chaque fois que vous retournez près
de lui chercher du soulagement et des conseils?
La direction viendra tout naturellement, quand
il vous connaîtra tout à fait, quand il ne lui
restera plus rien à apprendre de votre bouche.
Car, croyez-moi, il a déjà tout deviné, il connaît votre caractère, votre âme et surtout votre
cœur; ne craignez donc pas d'entrer, dans tous
les détails, et d'aborder tous les sujets. Madeleine, vous allez avoir 20 ans, il est temps de
voir clair et de dompter cette répugnance, pour
tout ce qui a rapport à la vocation.

« Pardonnez-moi, ma bonne petite chérie, si
je vous parle ainsi, si je veux vous faire violence,
sur une chose aussi importante ; peut-être mé-
riterais-je une réprimande, pour mon trop de
précipitation ; mais vous m'avez fait connaître
le mal qu'avait produit en vous (pour vos devoirs spirituels) cette crainte vague, qui vous

faisait fuir la prière et tout ce qui vous portait vers Dieu. Je voudrais que vous eussiez le courage de vous éclairer, et je vois au contraire que, sur ce point, vous êtes toujours aussi faible. Dites-moi bien surtout le résultat de votre prochain entretien ; je ne doute pas que vous ne preniez la décision dont vous me parlez.... »

Si une bonne parole fait toujours son chemin, quel chemin direct ne prendra pas la parole d'une amie ?

Voici l'écho qui répond, le 5 juillet, au jour anniversaire de naissance ; « J'ai vingt ans ! vingt ans ! et tous me gâtent !

« Ce soir, Dieu m'a bénie ; je lui ai jeté mon passé, je lui ai confié mon avenir, et, le cœur humilié de mes fautes, je me suis prosternée à ses pieds, en le priant de bénir mes vingt ans. Ce soir, j'ai prié. Oh ! qu'il y a longtemps que je n'avais pas dit à Dieu un seul mot d'amour ! »

Le ciel aussi va parler à sa manière. Le journal porte à la date du 26 juillet :

« Ce soir, en me promenant, il me vint une impression si forte de la présence de Dieu, que, levant la tête, m'abîmant, croisant les deux bras, et tombant à genoux, au milieu de mon petit bois, je criai : « Vous me voyez, mon Dieu, vous me connaissez, et moi je ne vous connais pas ; je ne vous aime pas. Rapprochez-vous de moi, descendez jusqu'à l'abîme de ma misère ! »

Elle garda un souvenir ineffaçable de ce moment si précieux. Elle aimait à indiquer à ses amies, le lieu où Dieu s'était montré si présent à son âme. Il fallait profiter de ces grâces. Son directeur n'y manqua pas. Il lui proposa un petit règlement de vie, qu'elle accepta.

« Je garde précieusement le petit règlement, que vous m'avez envoyé, et vous remercie, pour ma petite Marie et pour moi, de votre sollicitude toute paternelle et non méritée. Je fixerai, à Noël, selon vos avis, les points qui ne sont pas déterminés, et j'espère, je veux prendre l'année 1888, avec toutes mes prières en bon ordre, et le passé jeté dans l'oubli. »

Elle avait compté, pour exciter davantage son courage, sur la retraite annuelle donnée à Notre-Dame, en octobre ; mais une nouvelle crise de son grand-père l'empêcha d'en profiter.

« Je tremble, j'ai peur! qui a parlé de départ et de mort? Pourquoi mon chéri grand-papa, celui que j'aime, souffre-t-il? Pourquoi cette douleur au cœur? Pourquoi cet air peu rassurant du médecin? Pourquoi cette poursuite d'une voix, que je n'écoute pas assez et que j'entends trop? Pourquoi ne suis-je pas déjà fervente et docile?.... Mon Dieu, laissez-le-nous et guérissez son âme! Je veux bien consentir à perdre le meilleur de mon cœur, avec lui, mon Dieu, mais que vous retrouviez son âme, sa belle âme toute dérobée à votre amour. »

Le mal fut heureusement conjuré. Par reconnaissance Madeleine accepta de faire, chez elle, à La Bonde même, une retraite aussi solitaire que possible. Ce fut au retour d'un petit séjour à Saint-Calais.

« Je reviens. Oh! qu'il est bon ce nid! qu'ils sont tendres les gardiens!

« Demain, je vais clore ma demeure, me faire un réduit bien solitaire, dans un petit coin d'âme tout abandonnée, où je pourrai me retirer seule à seule avec Dieu, que je vais, aujourd'hui, prier de revenir. »

Voici le titre du petit cahier qui reçoit ses confidences intimes :

« *Retraite de Décembre 1887,* faite à La Bonde, seule, et en suivant les exercices du Père de Ravignan, donnés aux Enfants de Marie du Sacré-Cœur. »

Dès la première heure, elle place, devant ses yeux, le but qu'elle se propose.

« Ce matin, je m'agenouille aux pieds de Jésus, pour obtenir mon pardon, avant Noël, confier à sa miséricorde cette année si misérablement employée, faire un pas vers Lui qui m'attend, Le retrouver.

« Père, je ne suis pas digne.... j'ai péché contre le ciel et contre vous! Mais j'ai bien couru... et j'ai faim ! Père, rien ne m'a satisfait, j'ai vécu malheureuse, je suis tombée bien bas, je ne veux plus de cette nourriture grossière qui trouble mon cœur, sans le contenter ; je reviens.... »

Oui ! Elle revient, et Dieu qui voit le cœur, sait qu'elle revient pour toujours.

Mercredi, 21 Décembre. « Je suis convertie ! Je veux vivre comme je n'ai jamais vécu.... J'ai

trouvé!... Dieu! voilà mon but! Ce qu'il fallait
à mon âme, c'était Dieu! Dieu soit béni! »

Sur son cahier de retraite, à la même date,
elle écrit : « Seigneur! je suis à vous et je chante
le cantique de la délivrance. Il y a si longtemps
que j'étais captive, et qu'en vous fuyant, je vous
cherchais toujours! »

24 Décembre : « Cette nuit, quelle paix, quel
doux bonheur! Non, je ne vivais plus. C'était le
ciel, c'était Dieu! Je n'avais plus même assez de
moi pour penser, j'étais une autre, j'étais portée,
ensevelie, j'étais dans la paix qu'ont chantée les
anges!

« Béni soit Dieu de ses victoires! »

31 Décembre. — « Merci mon Dieu! »

« Pardon mon Dieu! »

CHAPITRE SECOND

§ I. — **Vocation**, — **Progrès dans la vertu**.

1ᵉʳ *Janvier* 1888. --- « Je l'ai dit, c'est aujour-d'hui que je commence !

« A Dieu le premier instant de l'année, le **premier** cri, le **premier** réveil, le premier soupir de mon âme ! A **Dieu** mes **heures et mes** jour-nées, mon amour et ma vie !

« Ce matin, mon Dieu, vous avez été Maître et Roi ! Vous avez tout pris ; gardez désormais ce qui est à vous. »

« Il y a trois choses que le monde ne m'enlè-vera jamais : le bonheur de prier, celui de souffrir, celui de me dévouer. » P. de Ravignan.

Madeleine s'est donnée à la vie de piété, elle ne se reprendra plus ; mais comme il arrive souvent, au commencement d'une vie nouvelle,

notre jeune « convertie » aurait voulu se précipiter immédiatement dans le plus parfait. Des
choses extraordinaires, quoique pénibles à la
nature, auraient mieux été à son ardeur et
surtout à son amour-propre. « Est-il étonnant,
écrit-elle, qu'après m'être fait de la piété l'idée
d'un esclavage, après avoir lancé tout ce que j'ai
de répulsion, en campagne contre la vie dévote,
je m'étonne et je m'effraie de me sentir tout à
coup délivrée de cette contrainte, en face d'un
chemin bien doux, bien facile, devant lequel la
lâcheté même ne saurait hésiter. J'étais comme
serrée par des chaînes imaginaires, en face de
l'austère pratique de la perfection, un anneau se
rompt et je tombe, regrettant de trouver si léger
le joug de Dieu. Moi, je voulais que la piété
condamnât tous les bonheurs, ne s'arrêtât en
aucun chemin, ne connût ni calme, ni paix, jusqu'à ce qu'elle ait touché la perfection, je croyais
que la vie des saints devait être la nôtre, et je ne
voyais pas que Dieu ne m'avait pas donné la
nature de ces belles grandes âmes ; que si mon
cercle est tout étroit, je suis encore trop petite
pour le remplir ; que la vertu souffre des degrés

et que, n'étant pas arrivée au premier barreau de l'échelle, je ne puis prétendre à les monter si vite, que je me voie tout à coup placée sur les hauteurs. Mon âme! Elle a tant d'orgueil que rien ne la contente, qu'elle se perd en vaines aspirations, vers je ne sais quel rêve de grandeur, dont elle ne peut pas suivre une seule; elle voudrait être tout, sauf ce qu'elle est, se dépenser, s'offrir, se perdre, se jeter, où?..... »

Combien d'âmes ont, sur la piété, sur la pratique de la vertu, les mêmes préjugés? Pour elles, vivre d'une vie régulière, pieuse, c'est s'enfoncer dans les nuages, dans les ténèbres, où rien ne brille, où rien ne charme, où rien ne réjouit. Ou bien encore, car les deux extrêmes se touchent, pour être vertueux, il faudrait l'héroïsme des saints et des saintes; qui donc peut se flatter de pouvoir les imiter?

Sous un prétexte ou sous un autre, on s'éloigne, on s'affranchit de toute contrainte, et, malheureusement, on court trop facilement à sa perte.

D'autres s'imaginent qu'ils peuvent devenir

saints tout d'un coup ; ils ne veulent pas de ces degrés, de ces intermédiaires.

Les voilà qui s'élancent vers les sommets, sans penser qu'ils vont peut-être devancer la grâce, sans laquelle leurs efforts seront vains et inutiles. Quel sera le résultat de leur présomption ? — Que de saints il y aurait dans le monde, s'il suffisait, pour arriver à la sainteté, d'une action héroïque ! Mais non, tel n'est pas le chemin qui doit y conduire une âme. Alors même qu'un acte généreux l'a déterminée à la pratique de la vertu, c'est à petit feu qu'elle doit se façonner, avec l'aide de Dieu ; c'est dans l'accomplissement des petites choses, qu'elle doit se préparer à ce qui pourra lui être demandé de plus considérable ; c'est en se relevant sans cesse de ses défaillances, avec une sainte humilité, qu'elle apprendra à marcher avec constance, dans la voie de la Perfection. Tant il est vrai, que la sainteté ne peut s'élever que sur les ruines de l'amour-propre.

Madeleine, plus que beaucoup d'autres, à cause de son caractère, eût été exposée à se porter aux extrêmes. Pour la prémunir, Dieu lui donna une confiance très grande dans la direction. Elle en sentit toute la nécessité, elle l'aima et lui fut constamment fidèle. Pourquoi ne pas ajouter, qu'elle y trouva le bonheur.

Sa vie commença donc à être plus remplie. Ses journées, en s'écoulant rapidement, ne lui laissaient plus le souvenir d'un vide qui l'effrayait, la torturait. Si elle faisait encore peu, ce peu du moins comptait, et, le faisant bien, de son mieux, elle obtenait le bon témoignage de sa conscience.

« Pas d'allégresse bien vive, mais une douce paix, la paix de Dieu. Qu'on est heureux, malgré la souffrance, quand, la conscience tranquille, on marche devant Lui... »

On s'aperçut promptement, à la maison de famille, du changement qui s'opérait.

L'œil vigilant de sa pieuse mère suivait avec attention ses moindres progrès. Chaque jour apportait de l'amélioration à la conduite ordinaire, le caractère se modifiait heureusement, et une tendance sérieuse se manifestait en tout.

Lorsqu'une parole maternelle lui montra, que

ses pieux efforts n'étaient pas sans produire quelques bons effets, elle fut tout heureuse d'en faire part à son directeur, attribuant tout à la direction qu'elle recevait.

« Je sens en moi une force qui n'est pas la mienne : je suis soutenue. »

Cependant la lutte continuait toujours, et la victoire n'était pas complète.

« Il faut que ce soit Dieu, et le Bon Dieu, pour faire quelque chose de mon caractère. A part l'affection, qui garde encore sur moi quelque puissance, je ne connais aucun sentiment, capable d'arrêter mes élans vers le mal... Je ne puis rien et je crains tout, quand je n'ai pas Dieu ; je suis (moi seule) la faiblesse même..... et je l'ai prouvé.

« Je vais régler mon humeur, la mettre au niveau d'une joie douce, forte et calme. Je vais faire qu'ils ne verront pas trop les tempêtes, qu'ils n'entendront pas les coups de vent ; je vais dominer mes répulsions, apaiser mes ardeurs, je vais être toujours pareille... C'est mieux d'être uniforme : mais ce n'est pas que cela me plaise ! »

Le lendemain de cette belle résolution, elle trouve l'occasion de la mettre en pratique.

« Attention ! il faut cacher à tous, que je souffre un peu, et que je m'inquiète. Vraiment pourquoi m'inquiéter, même sans le faire voir ? Il faut vouloir ce que Dieu veut. Fiat ! Je vais chanter aujourd'hui ! »

C'était le printemps, et tout l'aidait à laisser épanouir son cœur.

« Cela part ! J'ai vu la vie, j'ai senti passer quelque chose qui ressemblait au bonheur. A chaque pas un nouveau mystère, un don généreux, une naissance, des merveilles, de l'amour ; c'est le printemps ! Enfin lui !... — Je les ai saluées ces toutes petites feuilles, si tendres, qui semblaient voir le jour, avec tant de plaisir, je leur ai donné à toutes, et presque à chacune, un regard de sympathie. Elles m'ont dit : « Merci », en me promettant, pour plus tard, un ombrage, en m'envoyant de la gaieté plein le cœur, en me disant qu'elles n'attendaient que le soleil. Il les nourrit aujourd'hui, ce beau soleil du Bon Dieu, et le ciel est bleu, et les oiseaux chantent, et mon cœur espère, et, pour un jour, j'ai le bonheur. »

Elle se rapprochait de Dieu source de tout vrai bonheur, comment ne l'aurait-elle pas aperçu et un peu goûté?

« Hier soir, vers 8 heures, quand le soleil se couchait là-bas, quels instants, quelle lumière! Les rossignols chantaient encore sur ma tête, et je n'entendais plus. J'étais tombée à genoux, dans ce petit coin, dans cette allée déserte ; Dieu avait passé tout près de moi, avec sa puissance, avec son amour, je me sentais sous son regard ; je ne sais pas encore ce que j'éprouvais, mais c'était bien doux! Heureuse larme, lente, silencieuse, larme bénie qui répondait à sa voix ; que n'y a-t-il trouvé un peu d'amour? Je la voudrais sentir encore, cette larme, c'était un bonheur, et du Ciel! »

Telles étaient les avances divines faites à une âme de bonne volonté.

Madeleine avait alors commencé à examiner sa vocation.

« Je suis allée... disait-elle, et je suis revenue mieux, beaucoup mieux. Mais, cette question que je voulais négliger, a été la seule attaquée ; je m'y trouve lancée en plein. »

Là, comme en tout, elle apportait son ardeur et **aurait voulu voir tomber immédiatement** toute incertitude, « cette chose pénible que je porte, depuis plus de trois ans... Peut-être Dieu m'attend-il au bout de ce triste chemin? Dieu ne m'oublie pas. — J'irai, je le veux, jusqu'à ce que je trouve la lumière. »

Mais il fallait parcourir ce chemin avec calme et courage, selon le conseil qu'elle avait pris dans le P. de Ravignan.

« Le calme, la paix, et l'attente disposent une âme, puis Dieu parle, dans un de ces moments connus de lui seul, et alors on n'a plus qu'à obéir, avec courage toujours. »

Un mois après : « Je croyais que j'allais avancer la question; elle ne l'est pas! Et je voulais tant savoir!... Rien que le doute, et toujours la nuit, quand un faible crépuscule m'était apparu si beau! Il faut prier, réfléchir encore...

« Que c'est chose grave, et avec quelle prudence on me mène. Je suis retenue, tout à fait retenue, et si j'y vais, oui! c'est que Dieu lui-même le voudra.

« Mon Dieu, parlez et je le serai.... Je ne dirai

plus non... Faites seulement que je vous **aime** ! »

A ces aspirations de vie parfaite, de vie religieuse, il fallait donner l'épreuve du temps, il fallait surtout les placer, en face de la réalité d'un bonheur chrétien, mais humain.

Marie, l'amie si intime de Madeleine, fixée, elle, sur la voie que Dieu lui destinait, était déjà fiancée, depuis quelques mois, et le jour du mariage n'était plus éloigné.

Sans doute, pendant les années précédentes, Madeleine, en présence de semblables fêtes, avait dit et répété : « Je ne me vois pas là.... Non, je n'ai jamais entrevu, avec bonheur, un horizon aussi restreint.... »

Cependant le dernier mot n'était pas dit, la certitude n'était pas faite.

A la première annonce du projet qui se forme, elle écrit : « Marie est heureuse ! Merci, mon Dieu ! Sa destinée se façonne à son gré. Elle connaît sa voie ; elle y entre le cœur chantant, plein d'espoir ; elle sait qu'elle trouve un bras qui la pourra soutenir, un cœur auquel elle peut se donner.... En vérité, mes ténèbres, mon incertitude, sont aussi bien loin de son bonheur. Et si je trouvais mieux encore, si.... »

Peu de temps après, elle va la visiter.

« Je pars, je vais à X... lui montrer ce que je suis devenue, elle qui savait ce que j'étais! Je vais partager son bonheur, en recevoir les nombreuses confidences; mais je veux taire le mien, qui ne fait encore que se faire entrevoir. Que sera-ce si je m'y plonge jamais! Que sera-ce que cet amour si grand, que le désir et la connaissance éloignée que j'en ai, me transportent déjà dans un autre monde!

« Merci, oh! merci à vous qui, après Dieu, m'avez sauvée! merci à celle qui m'a conduite vers vous! Dieu récompense tous ces biens! »

Les fêtes qui allaient avoir lieu entraient dans les dispositions de la Providence, pour la faire réfléchir davantage à tout ce qu'il lui faudra quitter, un jour, si elle se donne à Dieu. Elle s'y prépare avec calme, prête à prendre part aimablement aux joies de son amie, sans oublier de prier et de demander la lumière, qui doit l'éclairer sur son avenir.

Le 24 Juin, son journal porte ces quelques lignes : « Le grand jour approche pour ma pauvre Marie.

« Bénissez-la, mon Dieu, donnez-lui tout le bonheur désirable sur cette terre ; mais gardez-lui sa plus belle part, pour là-bas, pour là-haut! »

28 Juin — « Tout est passé et me voici — J'avais un espoir en partant, c'est de dire, ce jour-là, un adieu sans regret à tout ce qui va faire le bonheur et la vie de Marie. Mais, Dieu parle plutôt dans la solitude, qu'au milieu de cette foule de préoccupations et de pensées profanes. Dieu m'a montré qu'il se taisait.

« Mais mon cœur, lui, s'est-il tu?... Pourquoi ai-je lu le désir de ma Mère? Pourquoi la grande question devient-elle brûlante? Pourquoi ai-je donc besoin de marcher et de détourner mon regard? Mon Dieu, vous le savez, si je pouvais arracher mon cœur et vous le donner, je l'aurais fait déjà; que ne l'acceptez-vous, pour le renfermer, depuis déjà six mois que je vous l'offre tout entier? Augmentez mon désir de faire votre divine volonté, augmentez, en moi, mon amour

pour vous, afin que je n'aille plus demander, si
je puis vouloir autre chose.....

« C'est beau et grand l'œuvre qu'ils entre-
prennent, mais enfin il me semble qu'on se
charge d'un bagage bien lourd, quand on prend
cette voie pour aller au ciel ; il me semble qu'il
faut trop souvent s'arrêter, pour qu'on aille bien
loin, quand on ne recule pas ; il me semble qu'il
manque quelque chose à mon cœur, pour garder
une sage mesure, ne se pas griser de bonheur
et laisser Dieu toujours à sa place ; il me semble
que la place de Dieu, c'est de l'occuper toute...
il me semble que je ne rendrais pas à mon Dieu,
tout ce qu'il demande de moi. »

Le 29. « Je m'inquiète sans raison, je m'interroge mal. Qu'importent mes goûts, mon
attrait, mon bonheur, qu'importe ce qui m'est
oui ou non présenté, il est une seule chose
qui pèse dans la balance, une seule à compter :
la volonté de Dieu.

« Et cette chose me sera montrée, on me l'a
dit, très clairement un jour. J'entendrai le com-
mandement direct ou indirect de la grâce : « Je
te veux là, c'est ici ta place. » Et alors je n'aurai

point à regarder si cette place est belle, brillante, avantageuse, si le chemin est semé de
fleurs ou recouvert d'épines, s'il est difficile, si
je pourrai gravir ce sommet jusqu'au haut, si je
préférerais autre chose... Non, plus rien de tout
cela. Mais, ce jour, ce beau jour, aux clartés de
cette lumière céleste, prenant mon bâton, m'ar-
mant, s'il le faut, de la croix, je me lèverai et
dirai au Seigneur : « Me voici, tout est prêt ! »

C'est dans ces dispositions d'abandon entre
les mains de Dieu, qu'elle continue de prier et
de réfléchir, c'est-à-dire d'examiner le pour et le
contre. A cet effet, elle avait accepté de consacrer 15 semaines en l'honneur des 15 mystères
du Rosaire, et de communier tous les samedis.
Si bien **préparée**, elle ne pouvait pas ne pas recevoir la lumière qu'elle demandait, et qu'elle
attendait avec confiance.

Le 1er août, elle reçut la réponse du ciel.
« A **Dieu va** ! Ma barque est détachée, je suis
partie... grâce **non méritée** ! Je suis partie, ce
matin. J'étais montée dans **mon** navire, j'avais
entendu passer le flot de l'amour, **j'avais**
senti la vague m'enlever ; mais j'attendais

encore... Jésus a parlé, mon Père m'a dit :
« C'est clair; j'y vois. » Et ce soir, tout est fini
pour moi, de ce qui s'appelle monde, liberté, famille, affection, bien-être, repos... Il ne me reste
que mon Jésus, mon bon grand Jésus, qui fait
mon cœur plus grand, à mesure qu'il y tient
plus de place, mon Jésus, celui qui sera tout,
celui que j'aimerai, celui à qui je suis. Car je
suis partie, enfin partie, pour le ciel, partie pour
aller à Lui, que j'aime plus que tout, partie pour
n'arriver maintenant que dans l'Eternité..... A
Dieu va !

« Mon Jésus bien aimé, je voudrais n'être pas
moi. Je voudrais être meilleure, je voudrais
avoir tout immensément, fortune, beauté, affections, joies, talents, pour vous consacrer davantage, pour avoir plus à sacrifier, car je le
comprends bien, ce que disait mon Père : « quand
on va à vous, le sacrifice est la seule ambition ».
Il faut franchir cette *barre* ou consentir à reculer, à perdre son bonheur. Que je le sache bien
mon bonheur, que je le comprenne et que je
vous le rende en trésors de dévouement et
d'amour..... Merci ! merci ! merci ! mon Dieu ! »

3 août. — « J'ai pris mon jour de retraite pour penser. Je l'ai consacré tout entier à transcrire, à méditer les quatre pages (1).

« Comment y trouver rien d'exagéré, rien qui ne soit pas vrai ! Si je voulais résister, je ne pourrais pas le faire loyalement. Je bénis Dieu de n'avoir pas laissé se poursuivre ma grande folie. Oh ! que serais-je devenue, s'Il n'avait pas eu si grande pitié de moi ? Passer une vie hors de son centre, mais, c'est affreux ! Et je refusais d'y voir clair !

« Il me semble, et c'est bien vrai, que celui qui me veut, a tout fait lui seul. Jusqu'au jour où j'ai entendu sa voix, pour la première fois, où il a jeté, dans mon âme, l'immensité de ces désirs qui s'en allaient vers lui, je ne vois qu'une pauvre, très pauvre et très petite créature, point du tout belle intérieurement, point du tout grande ni généreuse.

« Il passe, il me touche, il m'appelle et voilà que je ne vois plus rien d'assez beau, d'assez grand pour moi, voilà que, malgré tout, je veux de l'infini, de la perfection, de l'éternel ; voilà

____
(1) Ces quatre pages sont introuvables dans ses cahiers.

que, m'en détournant, j'y reviens encore, que je surnage, retenue par une force invisible, quand ma volonté était de me laisser engloutir ; voilà que moi, qui n'avais pas de force pour tout ce qui est bien, je me trouve avec le courage de franchir les obstacles, pour posséder ce que je veux, que moi, qui m'aimais seulement, je me rejette pour trouver autre chose, pour le rêver du moins, et ce rêve est de tous le plus beau.

« Il y a plus : on m'offrirait, ce soir, la plus heureuse des vies, la plus riche des couronnes, le plus beau des cœurs, je refuserais tout, je n'ai pas un doute, pas un regret... Je ne savais pas la certitude si près, je ne l'aurais jamais espérée si complète et si persuasive ; je suis bien sûre qu'au ciel on a prié pour moi, même saint Ignace. Je n'avais jamais dit un chapelet comme celui de sa fête, et sa fête, c'était la veille. »

4 août. « Chaque souvenir arrive m'apporter son accord. C'est comme un grand concert, comme une harmonie de toutes ces voix du passé.

« Moi aussi, j'ai prié à Notre-Dame de Bon-
Secours (1), quand j'étais plus qu'indifférente,
mais tourmentée, poursuivie, au milieu de ma
dissipation d'âme et de mes vains espoirs, par
la pensée de ma vocation. Je me souviens d'y
avoir prié, le 8 septembre 1885, afin que Marie
Immaculée ne permette jamais que j'entre dans
une voie fausse, et qu'elle m'enlève plutôt la
vie, avant que le grand pas soit fait.... Je comprends que pas une prière, même la plus mauvaise, n'est sans apporter secours.

« Oui, je suis faite, pour quelque chose de
plus grand que le monde : j'ai jeté l'ancre dans
les cieux ! »

Madeleine ne pouvait laisser passer la fête de
l'Assomption, sans porter aux pieds de la Reine
du ciel et de la terre, son action de grâces. Elle
fait plus, c'est une donation complète d'elle-
même qu'elle veut offrir à Jésus, par les mains
de Marie Immaculée.

« Gloire à Marie ! Je suis toute donnée, donnée

(1) Allusion à l'annonce d'une prière faite, pour elle, à
cette époque, dans le sanctuaire de N.-D. de Bon-Secours.

pour toujours, donnée avec confiance et bien grand bonheur. Cette fois, toutes les forces de mon âme y étaient bien, même et surtout mon cœur. Impossible de regarder en arrière, tout est fini, je n'ai plus qu'à marcher. Je sais que Jésus m'aime, que Marie me protège, c'est plus qu'il ne faut pour tout accepter. »

Cependant elle demande à son Directeur de l'offrir à Dieu, un des jours de l'octave.

« Je serais plus heureuse encore et je me croirais plus prise, si vous vouliez bien m'offrir toute à Dieu, et demander que je devienne moins indigne d'être immolée pour son amour. »

22 août. « Miséricorde et bonté du Seigneur ! Je suis à Lui, offerte, non plus par moi seule, cette fois, mais encore par le Sacré-Cœur et par celui qui m'amène à Lui.

« Le 22 décembre, je tombais aux pieds de Jésus, pour y faire l'aveu de mes faiblesses, de ma grande misère ; j'y prenais, devant Lui, la résolution de mieux vivre à l'avenir ; je jetais, pleine de confiance, mon passé à sa miséricorde.

« Le 22 mars, en souvenir du jour qui m'a

tirée de l'abîme, on offrait à Dieu le grand sacrifice en action de grâces.

« Le 22 août, en ce beau jour, octave de l'Assomption, c'est le même sacrifice qui est offert à mon Dieu, c'est Jésus, Jésus tout entier, et, cachée pour toujours, dans le cœur de Jésus, c'est Madeleine qu'on immole à jamais, au bon plaisir de celui qu'elle sert, à l'amour infini du Dieu auquel tout son cœur se donne.

« Je suis à Jésus-Christ! Fiat! Mon sacrifice est fait, il est offert, il est reçu ; je ne m'appartiens plus désormais.

« Vive le Sacré-Cœur et gloire à Marie! reconnaissance à Saint Joseph!

« Tout mon avenir à son tour se jette dans l'amour divin, et mon ambition présente n'est plus que de savoir lui plaire... Tout pour Lui! »

Sur son cœur elle avait placé cette consécration, écrite et signée de son sang :

« Vive le Sacré-Cœur et gloire à Marie!

« Moi, Madeleine, en ce jour, octave de l'Assomption, le 22 août 1888, je me donne tout entière au Divin Cœur de Jésus, pour le servir et n'aimer jamais que Lui seul.

« Je lui demande humblement qu'Il veuille
bien, en s'ouvrant, ce matin, pour me recevoir,
me pénétrer de plus en plus de sa divine Charité.

« J'aime ! Je crois ! J'espère !

« Je suis à Jésus-Christ !

MADELEINE,
Enfant de Marie. »

Progrès dans la vertu.

Ce ne sont pas les âmes molles et paresseuses
que Dieu veut conduire dans la voie de la perfection ; il lui faut des âmes vaillantes et géné-
reuses. Dès les premières lueurs de sa vocation
Madeleine se plaçait ainsi en face des réalités :
« C'est dur d'entrer en religion ! Je forcerai
Dieu à faire de grosses dépenses de grâces,
pour m'obliger à passer par là ; mais, tant qu'à
me laisser, je veux me laisser tout entière, ne
point être religieuse à moitié.

« Il ne me reste à présenter à Dieu que cette
volonté, ferme plutôt qu'ardente, de lui obéir, ce

désir de m'engager sans hésitation, dans le chemin qu'il me montrera, fût-il bien difficile et bien dur. C'est la disposition habituelle de mon âme.

« Je ne sais, parfois il me passe comme le frisson d'une fièvre de sacrifice et de dévouement ; il me semble qu'arrivée là seulement je jouirai de ma pleine vie, et que j'aurai touché le but. »

Aussi une vie douce, facile, ne lui plaît pas.

« J'entends les mêmes reproches : mon âme se plaint toujours de la même façon. Elle m'accuse de chercher plaisir là où je ne trouvais autrefois que peine et dégoût, de donner aux sens trop de liberté, de m'accorder trop.... Je vous accuse donc une petite personne qui, sans y être appelée peut-être, veut mener la vie à la *Carmélite*. La voilà qui se brouille avec le feu, avec le sommeil, avec la nourriture, qui veut manquer de tout et qui n'est capable de manquer de rien.... Faut-il jeter l'*advienne que pourra* et commencer d'apprendre à souffrir ? Faut-il craindre, au contraire, d'aller au-devant de ce qui ne m'était pas destiné ? Là-dessus je n'y vois pas clair du tout, mais j'ai bonne volonté d'être éclairée et de me soumettre. »

Elle avait intitulé cette confidence : « Acte de simplicité! » Il lui en coûtait toujours de se révéler ainsi ; mais, instruite par l'expérience, elle savait combien l'avait exposée ce manque de confiance et de simplicité. Que de peines elle se serait épargnées, si elle s'était plus ouverte à sa mère, si elle n'avait pas gardé au fond de son cœur le secret qui la rongeait !

Mais, dès ce qu'elle appelle sa conversion, l'obéissance est sa vertu de choix : « Je veux toujours obéir, » et pour obéir, « il faut que je sois un livre ouvert, pour ceux qui sont chargés de me conduire. »

Elle le devint, non sans rencontrer des difficultés, et sans avoir l'occasion de remporter de nombreuses victoires. Comme elle venait seulement, de temps en temps, au Mans, son Directeur lui avait recommandé de noter, sur un petit carnet, les conseils qu'elle avait à demander, et il avait été convenu qu'elle ne passerait rien de ce qu'elle aurait écrit.

Ce n'était pas toujours sans peine, que le

carnet paraissait dans sa main, et qu'elle en
lisait le contenu. Puis, parfois, s'arrêtant court,
elle demandait l'autorisation — toujours refu-
sée — de passer sous silence ce qui suivait et
lui paraissait alors inutile. Comment, ce qui lui
avait semblé utile à noter serait-il devenu subitement inutile?

Franche et loyale, Madeleine n'aurait pas
manqué à une résolution prise, sans réparer
immédiatement.

Elle écrivait un jour à son Directeur :
« J'aurais dû vous porter, hier, la feuille ci-
jointe, puisqu'elle vous était adressée ; mais, je
l'avais relue, j'avais trouvé qu'elle ne signifiait
rien, j'y voyais un mot quelque peu barbare, et
pour ces toutes petites raisons, je l'avais laissée
là. C'était une faute, une grosse faute, contre la
simplicité, et c'est cette faute que je viens
avouer et réparer, vous priant de donner un
sourire de pitié à ces délicatesses d'amour-
propre. Me voilà!... Mais ce ne sera pas toujours
moi, je le promets à Dieu. »

Désormais elle ne fera rien sans demander
conseil. Croit-elle avoir besoin de modifier son

règlement de vie, sur un point un peu important, elle en sollicite immédiatement l'autorisation.

Elle n'a pas continué à tenir son journal, sans laisser peser le pour et le contre, attendant avec un esprit de soumission la décision qui serait donnée.

Toujours exacte à faire connaître ses lectures, elle avait cependant cru pouvoir commencer la vie de sainte Thérèse ; mais elle s'arrête bientôt :

« J'ai lu un tiers de sa vie, puis j'ai fermé le livre. Je ne l'ouvre maintenant, que si vous m'en donnez l'avis. J'ai toujours eu peur du mystique, et me trouvant, dans sa lumière, tout enveloppée d'ombres, emportée sur des hauteurs, où je ne voyais pas diriger ma pensée, j'ai refusé de pénétrer dans les grands mystères d'oraison, bien trop élevés pour moi. Il me semble qu'il ne -faudrait « n'être pas seule, pour lire cela. »

C'est ainsi qu'elle se prémunissait contre les illusions qui naissent trop facilement, loin de toute direction.

Cette obéissance ne se démentit plus, malgré

les sacrifices qu'elle pouvait imposer à ses goûts, à ses désirs, à son amour-propre.

« Je crois, j'aime, j'espère, je veux, j'obéis. »

Cette volonté qui savait si bien dire : « Je veux », qu'elle avait peur parfois de vouloir « jusqu'à la présomption », savait se faire toute à tous. Le Bon Dieu lui donne-t-il l'occasion de se dévouer, immédiatement elle entre avec bonheur dans son élément.

« Qu'il fait bon se dévouer, n'appartenir qu'aux autres, ne point compter avec les fatigues, sentir qu'on a besoin de vous ! C'est si bien ma vie, que, sans la crainte d'une aggravation toujours redoutable, j'oserais presque bénir la visite du mal. »

Elle avait déjà commencé à faire le catéchisme à quelques enfants, maintenant c'est une école qu'elle installe, et, à cet effet, elle demande et obtient qu'on lui cède une salle de la maison. Les enfants ne seront pas toujours faciles et reconnaissants, mais rien ne la rebutera, et, chaque année, le cours s'ouvre et se ferme régulièrement, aux époques déterminées.

Elle tire elle-même un grand profit de ces leçons : « J'étudie Dieu, j'apprends mon catéchisme. Que c'est beau !... Il m'arrive quelquefois de m'arrêter subitement, sous l'impression d'un sentiment étrange de l'infini et du divin, d'entendre battre mon cœur, de respirer avec peine, de sentir tout mon être se resserrer, sans plus rien voir, et d'entendre, dans les profondeurs de moi-même, une voix qui me dit : « Va, cours à Dieu ! »

« Je suis heureuse !... Je sens s'éveiller ma pensée, je donne à l'intelligence un travail qui la fait jouir, j'ai la paix de Dieu dans mon âme, je désire l'aimer ! »

Si le doute avait parfois effleuré cette âme, au temps où elle s'écartait de son devoir, ce n'avait été que pour lui donner un plus grand désir d'établir sa piété et sa dévotion, sur un fondement solide.

« J'éprouve un besoin de savoir, de posséder plus que des croyances, de trouver la certitude et de me la faire aussi lumineuse que possible. »

Le catéchisme du concile de Trente et les dogmes catholiques de Mgr La Forest lui fournirent ses premières études, qu'elle étendit encore par d'autres ouvrages semblables. Les œuvres de M. Nicolas l'enthousiasmèrent. Aussi, sa « foi d'enfant » devint une foi forte, que la raison, convaincue par les motifs de crédibilité, ne vint plus troubler.

Alors, cette âme que Dieu s'était choisie, se tourne tout entière vers Lui.

« Pensez moins, et priez davantage, » lui avait-on souvent conseillé, « et vous trouverez encore mieux ce Dieu qu'il vous faut. »

Elle s'adonna avec plus de soin à l'oraison, et changea ses 10 minutes en une demi-heure.

« Je sais maintenant, écrivait-elle, ce que vaut l'oraison du matin ; je n'en suis pas sortie une seule fois, avec ma faiblesse... Que c'est donc efficace ce retour à Dieu, chaque matin ! Avec cela, les plus faibles deviennent forts contre tout, les plus délaissés sont les plus heureux ; avec cela le pauvre cœur reçoit un trésor de

biens et d'amour ; avec cela, les petites croix
sont d'or, on les porte, on les reprend avec un
courage tout neuf. Oui ! que c'est donc bon
l'oraison du matin, unique soutien de l'âme
fidèle. Pour moi, je n'en ai pas ailleurs, si ce
n'est dans le banquet divin, qui me réunit si
souvent à Celui que j'aime, à Celui qui est ma
joie, à Celui qui m'aide, me bénit et daigne
aussi m'aimer. Oui ! Celui que les cieux con-
templent, que la terre révère, que les anges ado-
rent, Celui qui seul *est...* Il m'aime ! »

Tout n'était cependant pas facile et consolant,
dans ces méditations du matin ; les sécheresses
s'y présentaient parfois.

« Il me devient de plus en plus difficile de
méditer, disait-elle un jour, c'est la nuit noire,
par là, pour moi. Ma demi-heure s'écoule : je
n'ai rien fait, je n'ai rien dit, je n'ai rien su ; je
suis restée *bûche*, du commencement à la fin.
J'espère bien qu'à la retraite, enfin, je pourrai
brûler dans la fournaise du divin cœur. Ce sera
bon. »

Mais Dieu qui ne demande pas le succès,
c'est-à-dire la facilité, la consolation, sait tou-

jours récompenser les efforts et la constance,
dans ces exercices de la vie intérieure. Madeleine l'éprouve bientôt.

« Grâce au Bon Maître, j'ai fait un pas, dans
cette voie de l'union intérieure, que je cherchais
depuis longtemps. Il me semble que je vis plus
pour Lui, plus forte, plus confiante, plus en
paix, plus humble. Je l'en bénis et désire lui
offrir bientôt les fruits de cette grâce, par l'apostolat. »

Elle qui aime tant la belle nature trouve facilement Dieu et son action divine, dans les
moindres objets qui tombent sous son regard.

« Une petite mousse bien fine, bien verte, qui
vient d'attirer mes yeux ; puis, près de cette
mousse, un brin d'herbe magnifiquement décou-
pée, enfin, parcourant ce palais, quelques insec-
tes à peine visibles, mais actifs et gracieux ; voilà
ce qui m'a fait rester en contemplation douce et
profonde, au cours de la promenade. J'ai pensé
d'abord, que Dieu était là-dedans ; qu'il veillait
sur ces infiniment petits et que plus près, son
enfant, âme et cœur comme lui, ne devait point
jamais redouter d'abandon. J'ai pensé que sa

grande puissance trouve une preuve glorieuse dans le brin de mousse, et que sa grande bonté peut aussi éclater, en se penchant bien bas, vers moi : j'ai pensé que la vie d'une plante, aussi incomplète que fragile, est déjà quelque chose de bien beau ; j'ai pensé que la vie d'une âme créée par Dieu d'après lui-même, devait attirer le regard des anges, avec amour et ravissement. J'ai pensé que Jésus est Père, et qu'en le voulant, malgré tout, je peux ne point cesser de l'aimer. »

Que de pages nous parlent ainsi de l'élévation de son âme vers Dieu.

« Je voudrais l'aimer tant, que je suis disposée à tout entreprendre pour Lui ; mais combien j'en suis loin !... Montrez-vous si grand, ô mon Dieu, que tout autre horizon me semble que misère ; laissez mon âme s'éprendre à jamais de votre beauté et y fixer pour toujours son regard, comme l'œil de mon corps s'arrête sous le charme d'une belle vision. Montrez aussi votre voie, ce sentier béni, où je vous trouverai, où j'occuperai la place que vous m'avez choisie, dans votre amour éternel. »

Dieu daigna se montrer, se manifester à cette âme pleine de si ardents désirs, et comme toujours c'est par sa bonté qu'il la toucha.

« Je ne sais pourquoi, mais il me faudrait répéter tout le jour : « Dieu est bon! » J'en ai déjà reçu tant de preuves! Il m'en promet encore tant d'autres! Le servir m'est devenu si facile et si doux! Quel contraste avec les jours anciens, quelle paix après les orages, quelle vie, et je ne savais pas!... Et je m'en allais..... et c'était presque fini du bonheur! J'ai fait un tout petit pas, le Bon Dieu en fit un immense, et nous voici réunis pour toujours! Si tous ceux qui s'éloignent savaient combien il en coûte peu de vouloir, ah! comme ils reviendraient! Pour moi, je reste ; il fait bon dans la maison du Père ; je l'aime et je veux qu'il m'enchaîne par les liens sacrés de l'amour.

« Dieu est bon! Dieu est bon! J'écrirais cent pages, pour les remplir de cet unique sentiment. »

Celui qu'elle appellera désormais : « le Bon Dieu », elle voudrait le faire aimer de tous. A une amie qui trouve un peu extraordinaire de

l'entendre parler ainsi, elle répond : « Peut-
être, en effet, ne suis-je pas assez prudente,
mais de qui parlerais-je, si je ne parlais pas du
Bon Dieu? Aussi vous en avez toutes. »

Plus elle avançait ainsi dans l'union avec
Dieu, y puisant sans cesse les désirs de l'aimer
et de le faire aimer, plus elle était malheureuse
de l'oubli de Dieu, dans lequel vivaient ceux qui
lui étaient si chers.

« Le Bon Dieu me laisse voir ceux que j'aime,
s'en aller chaque jour plus loin de Lui, sans que
je puisse rien pour les retenir, et c'est par tous
les chemins à la fois, que le mal envahit leurs
âmes. »

Au retour d'une retraite, elle écrit : « J'ai
vécu d'un espoir, je le retrouve, à mon retour,
déçu, refroidi, muet et triste ; j'ai aimé le Bon
Dieu, j'ai senti la flamme du zèle, je reviens ici
me demander : qu'ai-je à faire? et m'attrister,
en voyant cette seule réponse : souffrir! Eh
bien ! souffrir s'il le faut, je le veux.

« J'espère fermement que le Seigneur auquel
je me donne sauvera l'âme de mes pauvres
parents. »

De cette connaissance de la bonté de Dieu
naît, dans son âme, une grande et sainte confiance dans la divine Providence.

« Oh ! la Providence, j'y crois ! Je la sais toujours bonne partout. »

Elle sera particulièrement bonne pour Madeleine ; elle la conduira comme par la main, au
travers des obstacles qui paraissaient insurmon-
tables. Ses divines attentions ne passeront pas
inaperçues, elles seront enregistrées, fêtées ;
mais surtout, elles détermineront un abandon
complet à sa sollicitude.

« J'ai promis à Dieu de me livrer à la Providence..... qui pourrait se dire plus que moi à
cette heure, « l'enfant aveugle de la Providence » ?

« Providence bénie, conduite par le Cœur
sacré de Jésus, je m'abandonne plus que jamais
à votre amour ; je veux tout, je ne regarde rien,
je dis : oui, je suis prête ! J'ai votre main, et je
regarde en paix la *barre terrible* qu'il va falloir
passer. »

§ III. — Choix de la Congrégation.

Apostolat auprès des siens et de ses amies.

Cet esprit de foi qui l'a déjà soutenue dans les luttes précédentes, qui lui a fait entendre et accepter si généreusement l'appel de Dieu, l'assistera dans le choix de la congrégation où elle doit entrer. Ce qu'elle veut, en effet, c'est « harmoniser sa vie au plan que Dieu s'est proposé, en la plaçant en ce monde. » Madeleine vit tout d'abord qu'elle n'était pas faite pour rester derrière des grilles ; « sans cela, dit-elle, j'aurais aimé le Bon-Pasteur, dont l'œuvre me paraît si admirable. »

Ses aptitudes et la grâce divine la portaient vers un ordre, dans lequel il y aurait, pour elle, une part d'apostolat extérieur. Elle se sentait un peu « soldat » et voulait devenir « apôtre ».

Un jour qu'elle révélait ces pensées à son Directeur : « Tenez, lui dit-elle en souriant, je ne me consolerai jamais de ne pouvoir être Prêtre ! »

« Mais, lui fut-il répondu, vous pouvez être apôtre ! Votre part n'est-elle pas assez belle ? »

Ces paroles parurent la consoler, et elle ne pensa plus qu'à la manière d'exercer son apostolat.

Serait-ce par l'enseignement ? Son désir d'avoir « une vie d'intelligence », au milieu des exercices de la vie religieuse, la fit d'abord regarder de ce côté.

Elle revit les souvenirs de son enfance au Pensionnat, sonda, par la pensée, la vie des sœurs auxquelles, toujours, elle était restée très attachée : la reconnaissance inclinait fortement son cœur vers Évron : « Mais, non », conclut-elle à sa manière : « Je ne me vois pas là. »

La vie de Madame Barat passe alors entre ses mains. « En ouvrant ce volume, j'ai eu un mouvement d'impression très forte, que je saurais mal définir. Mais ce fut un éclair. Toute mon armée d'opposition est vite revenue à la charge : je ne puis non plus trouver, là, ma place. »

La vie de Madame Duchesne « l'écrase du poids de sa générosité», mais ne la fait pas changer d'avis.

Il fallut donc chercher d'un autre côté, le genre de vie qui convenait à ses désirs d'apostolat. « Tous mes attraits vont là : J'y voudrais être déjà. »

Une circonstance providentielle allait la mettre sur une autre voie, en lui permettant de recevoir des conseils plus abondants. Au mois de Février 1889, les Dames du Cénacle, à Tours, offraient aux jeunes filles de la ville et des environs, l'occasion de faire les Exercices de Saint-Ignace sous la direction d'un Maître de la vie spirituelle, le R. P. Foucault, ancien supérieur d'une mission de Chine, et revenu en France, à cause de sa santé.

Les Révérendes Mères acceptèrent volontiers la proposition qui leur fut faite, d'inviter Madeleine à cette retraite, ainsi que deux autres jeunes filles du Mans.

« Dieu est bon ! répondit Madeleine, oui, Dieu est bon ! je l'ai dit, ce matin, recevant si promptement réponse à ma lettre du 2 ; je l'ai dit, en voyant combien de difficultés ont été soulevées, et comment l'impossible devenait facile ; je l'ai dit et je le répète, ayant emporté d'assaut la liberté de faire ce voyage. Oui, c'est permis ! c'est permis, grâce à cette bonne compagne de pension, qui me doit servir d'ange gardien, de nouveau Raphaël.... Je ne veux pas dire trop haut mon bonheur, il me semble qu'on va le voler.... »

De ces jours de solitude, il n'est resté, dans son journal, que peu de traces.

« Me voici de retour de ce grand voyage, en rapportant des souvenirs célestes et un besoin nouveau de reconnaissance et d'amour, pour ce Dieu de bonté, dont j'ai senti la main bénissante abaissée sur moi.

« Que de douceur dans ce calme, dans cette solitude intime, dans ce tête à tête avec le Bon Jésus, dans cette union des âmes en Lui, dans cette atmosphère qui ne laisse respirer qu'un air tout céleste, où l'âme se sent emportée bien fort, bien haut et bien loin !

« Et ce bon Père (Foucault) dont j'ai reçu les conseils, la bénédiction : je lui ai tout montré et il s'est dit content ; il a bien voulu m'assurer

d'un amour « particulier » de Jésus pour mon
âme. Il a trouvé mon offrande bien complète et
il m'a dit : « Au revoir avec d'autres livrées !
« Marchez vers le ciel à *pas* de géant ! que
« rien ne vous détache de la volonté de tout
« livrer à Dieu. Vous emportez la meilleure
« richesse, de ces exercices, puisque vous avez
« compris par la grâce divine, que sur terre, il
« *fallait souffrir*. — Je suis heureux de m'être
« trouvé sur votre chemin, et, plein de confian-
« ce, je vous laisse dans le Sacré-Cœur. »

Cette retraite avait eu pour but principal
d'éclairer Madeleine, sur le choix qu'elle devait
faire. Dans la maison des Dames du Cénacle,
elle était bien placée pour connaître et apprécier leur genre de vie. Là aussi, il fut question
des Dames Auxiliatrices du Purgatoire, très
connues du R. P. Foucault, qui les avait vues
à l'œuvre, en France et en Chine.

« Une attention de la bonne Providence, écrivait-elle à son Directeur, a été que vous m'ayez
dit le premier : « Connaissez-vous les Auxiliatrices ? » Il était temps, car, le soir même, le
R. P. Foucault se rencontrait avec vous et ap-

puyait bien fort.... Je suis certaine que cet
excellent Père serait content de me voir devenir
une Auxiliatrice. Je me rappelle comment parti
de là, il y revenait encore, sans s'arrêter ailleurs, et, bien que très discrètement, fixait vers
ce point toutes mes attentions.

« Il me vient une autre pensée ; j'espère fermement que le Seigneur auquel je me donne,
sauvera l'âme de mes pauvres parents. Mais,
par combien de peines, d'ennuis, de souffrances, une vie d'indifférence, de mort, se doit-
elle expier ? Là, je pourrais continuer le rachat
de ces âmes, et, jetant ma vie dans le Purgatoire, pour ceux qui y souffrent, abréger les
tourments qui attendent les miens. »

Elle revint donc au Mans, désireuse de connaître la vie de la Révérende Mère Marie de la
Providence, fondatrice des Auxiliatrices.

« J'ai commencé la lecture de Mère Marie de
la Providence. Ouvrant ce livre, j'ai eu non l'é-
motion et l'attrait produits par Mme Barat, mais
plutôt un sentiment contraire. Je l'ai repris,

après avoir prié, et maintenant, j'aime à y revenir. Il faut que saint Joseph me délivre, pendant son mois, de toute incertitude ; je le lui
demande avec une confiance entière. »

Vers le milieu du mois de ce saint Protecteur, elle écrit : « J'ai presque fait deux fois la
lecture conseillée ; je la reprendrais encore sans
lassitude. Plus je relis et plus j'y trouve ; mais,
sans avoir jamais senti aucun de ces élans qui
m'emportaient dans Mme Barat ; c'est plutôt une
pénétration en dedans, un grand recueillement
plein de respect, qui m'enveloppe et soumet
mon cœur.

« Il est vrai de dire que le volume, étant très
peu considérable, aucune explication sur la vie
des religieuses, sur l'esprit, les règles de l'ordre, n'y a trouvé sa place. On ne le connaît pas,
après lecture faite, comme le Sacré-Cœur, après
Mme Barat, et cependant je puis « me voir, là »,
et jamais, jamais, même lorsque je restais presque fixée au Sacré-Cœur, je n'y reposais heureuse. J'aurais voulu emporter la règle, mais....
que ce ne fût pas cela....

Cette règle, je la retrouve là ; et quand,

ouvrant le livre pour la première fois, je l'avais parcouru avec lassitude, indifférence, une seule chose m'était restée, pour effacer un peu la première impression du découragement, c'était ces mots écrits en lettres italiques : « *Règles de Saint Ignace.* » Voilà le principal attrait, le fondement de tous. »

Mais, du côté des Auxiliatrices, il y aura d'autres sacrifices à faire.

« Après mes anciennes frayeurs du costume religieux, j'en regrette la privation, tout en comprenant l'utilité de ce sacrifice.... Quant aux études, saint François Xavier a bien su les quitter pour l'apostolat, et il devait les aimer encore bien plus que moi. Il m'est visible que, pour peu que Dieu veuille bien prendre l'âme tout entière, je n'ai plus besoin de rien, que de lui tout laisser. Au reste, je préfère voir l'intelligence jeûner, plutôt que le cœur ; s'il se jette à servir Dieu, tout est gagné....

« L'Institut a un double but, une double mission : délivrer les morts, soigner les vivants, les pauvres, les malades.... J'aime et je comprends la première de ces œuvres ; quant à la

seconde, c'est peut-être la mission qui me semblait plus loin de mes goûts, de mes projets ; je
n'y avais songé que pour m'en détourner. A
cette heure, j'entrevois, là, du bien à faire, et,
si l'attrait sensible ne me porte pas vers ce
point, comme je n'éprouve aucune répugnance
invincible, qu'il ne me conduit pas ailleurs, je
me fais à cette idée, comme à toutes les autres.
Pour peu qu'il y ait, au milieu de ces œuvres
extérieures, une vie de l'âme, un travail de perfection, assez sérieux et assez fort pour soutenir
ma faiblesse et dompter ma nature, je suis toute
prête à l'accepter. »

Madeleine continuait à prier, à demander les
inspirations que Dieu ne refuse pas à la prière
confiante et persévérante.

Elle était bien placée pour le faire avec ferveur. Le mois de Mars s'était ouvert pour elle,
par une faveur longtemps sollicitée : Elle fut
autorisée à faire, le 1er Mars, le vœu temporaire
de Chasteté, comme le porte le revers de sa
consécration au Sacré-Cœur, du 22 Août de
l'année précédente :

« Vendredi 1er Mars 1889.

« Aujourd'hui, après la Sainte Communion je
me suis engagée, pour jusqu'à la fête du Sacré-
Cœur, par le vœu de Chasteté.

Dieu soit béni !

MADELEINE,
Enfant de Marie.

« J'ai beaucoup prié, écrit-elle sur son journal, j'ai beaucoup remercié surtout. Il me semble, cette fois, que mon cœur était là ; les heures volaient.

« Je ne t'appellerai plus ma servante, je serai
« plus que ton maître, plus même qu'un ami.
« Je suis ton Bien-Aimé, ton Amour !

« Tu ne m'as pas choisi, mais c'est moi qui
« t'ai appelée, qui t'ai placée, moi qui, le pre-
« mier, t'ai aimée, moi qui, pour toi, ai souffert,
« agi, prié. Et je t'ai choisie, afin que tu portes
« du fruit, et afin que ce fruit demeure, que
« ton âme me gagne d'autres âmes, que ton
« cœur parle aux autres cœurs de l'amour du
» mien, que tu quittes tout et que tu t'en ailles
« de demeure en demeure, quêter, pour moi,
« des services, de l'amour. »

Il faut aussi que saint Joseph soit fêté, pendant ce mois de Mars. Elle lui est reconnaissante de la placer si bien, sous sa protection, que, par un heureux concours de circonstances, les plus grandes décisions de sa vie sont prises, un mercredi ou un jour de fête de Saint Joseph.

« Ainsi, je devrai ma conversion au Sacré-Cœur, ma vocation à la sainte Vierge, et la grâce de cette heure, qui me doit montrer l'ordre choisi par Dieu, sera l'affaire du Père de Jésus. »

Toutes ses intentions, pendant ce mois de Mars, étaient dirigées à cette fin, et elle y associait tous ceux qui l'entouraient.

Le 18, elle écrit ces seuls mots : « Soir. Notre petite fête de famille a été charmante, tous étaient là, tous ont fêté, tous ont prié ! »

C'était par ces petits triomphes de sa piété, qu'elle entretenait sa confiance, qu'un jour tous ces cœurs seraient ouverts aux grâces de conversion.

La fête de saint Joseph se passe, cependant, sans obtenir la décision qu'elle attend.

« J'arrive de la messe, où j'ai reçu Jésus pour

l'offrir à son Père le bon saint Joseph ! j'y ai prié, mais sans l'abondance et les douceurs que j'eusse bien désirées. Cependant, au fond de moi, j'espère, je sens qu'au ciel on est content de moi.

« J'arrive, je descends, on m'apporte une lettre : c'est de Tours. Est-ce la réponse ? Je vais ouvrir : que saint Joseph me fasse lire.... J'ai lu. Ce n'est pas la réponse. »

Cette réponse, elle va la solliciter de nouveau. « La plume que je prends, a eu l'honneur d'écrire, le 18 Mars, une longue lettre au bon saint Joseph. Oh ! comme je l'ai prié ! Et que de fois il a entendu répéter la même chose ! Je vous demande, mon Père, de vouloir bien aller le trouver : il a certainement quelque chose à vous dire, une réponse à vous donner pour moi. Votre prochaine lettre doit apporter la décision, pour qu'à la fin du mois, toutes choses soient réglées. Quand vous allez écrire, saint Joseph tiendra votre plume et vous ne pourrez pas vous tromper. Il me l'a promis, et, après toutes mes réclamations, j'ose presque dire qu'il me le doit....

« Il y a un mois, ce matin, j'allais quitter Tours, y laisser mes regrets. Depuis ce jour, j'ai marché, j'ai repris course, je sens de nouveau le mouvement qui m'emporte à Dieu, et, parfois comme aujourd'hui, sur le pont du navire, oubliant les tempêtes et le vent d'hier, l'heureux passager se met à genoux, pour remercier celui qui le guide vers le port. »

En même temps que cette lettre, elle envoyait les raisons qui la portaient, de plus en plus, à croire que Dieu la voulait parmi les Auxiliatrices du Purgatoire. Elle terminait en disant : « Pourquoi cette retraite préparée par le Bon Dieu, pour m'apprendre la grandeur du sacrifice et la nécessité de souffrir? Pourquoi m'apparaît-il ensuite à travers ces pages (*Vie de la Mère Marie de la Providence*) comme étant l'unique base et la vie de cette vie? Abnégation ! voilà ce que j'ai lu, et, après la retraite, par la grâce de Dieu, le mot ne m'a point semblé dur ; j'ai vu mon cœur, au pied de cette croix qu'il aurait pour partage, et j'ai dit : « Si vous le voulez, Mon Dieu, si je puis vous aimer, vous servir, là, je le veux. »

Elle attend avec confiance, avec assurance, ce que sa prière demande avec tant de ferveur.

25 Mars, *Annonciation de la très Ste Vierge.*

« J'ai communié, j'ai prié, je me suis offerte. Dieu m'a dit au cœur un seul mot : « Maintenant abandonne-toi entièrement, tu n'as plus rien à faire dans les événements qui vont s'accomplir, jusqu'à ce que mon amour t'ait placée, au lieu où tu dois me servir. »

« Et une grande paix, de quelques instants à peine, suivit, en mon cœur, ces paroles de Jésus.

« Je n'espérais pas une réponse, et cependant je l'attendais, car son absence m'a fait tristesse. Fiat ! Mon Dieu, votre heure est marquée ; que mes désirs ne vous blessent pas et que la soumission de ma volonté vous honore ! »

27 Mars. — « Reconnaissance, amour, paix, abandon ! Mon Dieu, je suis à vous, pour toujours, comme Auxiliatrice !..... Un immense besoin d'être à genoux, de prier le ciel, répond seul à mon bonheur. Je suis impuissante à exprimer ma joie.... Je sais, je connais, je possède le dernier mot du Bon Dieu.

« Il me veut, là…. qu'Il est Bon!…. Et c'est
à ce Dieu que je suis livrée, corps, âme, vie,
forces et volonté. Le tout ne vaut peut-être pas
grand'chose, mais du moins la place est nette ;
il a tout pris ! Qui me prêtera un cœur pour
l'aimer ? Qui me donnera des lèvres brûlantes
pour le bénir ? Je suis à Dieu !

« J'avais mis un peu d'huile de la Sainte Face
de Tours, dans nos veilleuses, à saint Joseph ;
je l'avais renouvelée, ce matin même ; l'hommage lui a plu sans doute, car c'est de là qu'est
partie la réponse, c'est là qu'est descendu, à la
maison, à l'oratoire de M. Dupont, le rayon de
lumière divine, tombé, jusqu'à moi, par mon
Père. Et, pour le recevoir, par un mystérieux
pressentiment, j'avais dit, ce matin, avec
amour, avec dévotion et repentir, les litanies
de la Sainte Face. Action de Dieu qui se révèle,
miracles d'amour trouvés à chaque pas ! Que
tout est beau ! quel cœur il faudrait pour comprendre tout cela ! Mais écoutons : « Vous serez
« la petite Auxiliatrice du cœur miséricordieux
« de Jésus, dans le soulagement des âmes qu'il
« aime…. Vous appartenez à Celui qui est la

« voie, la vérité et la vie. Ne voyez plus, autour
« de vous, que des cœurs à consoler, à fortifier,
« des âmes à sauver, à sanctifier.... Quelle
« sainte mission vous est confiée ! Pour l'ac-
« complir, le divin Jésus vous présente sa
« croix, mais il vous donne aussi son cœur. »

« Je me donne, demain, à Marie, par Joseph,
pour l'amour de Jésus, tout entière au service des âmes souffrantes du Purgatoire. C'est
bien ma voie ; je le sens : prier, agir, souffrir ! »

28 Mars. — « Je suis consacrée au salut des
âmes du Purgatoire, et dévouée, corps et âme,
à la plus grande gloire de Dieu !

« Que reste-t-il, quand on a tout donné, sinon à se donner mieux encore, à vivre désormais du seul désir de plaire à Jésus ?

« Si vous voulez être parfait. » Parole qui a
jeté mon âme dans le trouble, qui l'a conduite
au Seigneur, parole sainte, parole divine, jet
de flammes sorti du Cœur de Jésus, trait d'a-
mour lancé sur le mien. Je suis restée longtemps étonnée, et comme étourdie par ce coup
de foudre, j'ai fait tapage en moi, pour ne plus

l'entendre, j'ai regardé ailleurs, j'ai cherché longtemps et beaucoup.... rien ne me l'a fait oublier ! Dieu avait lui-même buriné ces mots dans mon cœur. »

Et pourtant la maison est là ; il faudra tout quitter et passer sous un feu terrible.... Elle ne l'oublie pas, et déjà elle réunit les ressources dont elle aura besoin, un jour. C'est d'abord ce passage qu'elle prend dans Monseigneur Bougaud : « Quiconque laissera sa maison, ou son père, ou sa mère, ou ses champs, recevra maintenant le centuple, avec des persécutions, et, dans le siècle futur, la vie éternelle. Ceux qui quitteront tout pour Jésus-Christ auront à la fin tous les amours doublés, centuplés, et toutes les joies, mais aussi toutes les haines et toutes les persécutions, afin qu'ils ressemblent complètement au Maître. Trois fois heureux, et de tant donner, et de tant recevoir, et de tant souffrir, et de tant contribuer de toutes manières à l'avancement du règne de Dieu ici-bas. »

Puis, ce sont ces paroles de l'Evangile : « Personne ne donne une plus grande marque d'amour, que de sacrifier sa vie pour ceux qu'il aime. » — Jésus.

« Celui qui aime son père ou sa mère, plus que moi, n'est pas digne de moi. » — Jésus.

« Tenir à sa vie, c'est la perdre ; sacrifier sa vie pour moi, c'est la sauver. » — Jésus.

« Quand j'aurai été élevé de terre, j'attirerai tout à moi. » — Jésus.

« Je suis venu apporter le feu, sur la terre, et que désiré-je sinon qu'il s'allume ? » — Jésus.
« Voilà de ses paroles, de ses paroles à Lui, mon Dieu ! »

Elle avait besoin de se fortifier, à la vue des peines qu'elle prévoyait.

« Déjà, j'ai tressailli sous l'impression des prochains combats ; mon cœur si faible s'est tout à coup resserré, j'ai frémi de crainte, et j'ai dit : Comment passerai-je ce torrent ? Courage, mon âme, ton Dieu est là, ton Dieu, le premier, a passé par là, il a souffert, et tes luttes à côté des siennes, tes souffrances près de sa douleur, ne se peuvent, ne se doivent plus nommer ! Courage ! Jésus est sur l'autre rive, t'appelant, te tendant la main, courage ! courage ! Ferme les yeux et livre-toi ! »

Au commencement de Mai, elle écrit :

« Qui pourrait se dire plus que moi, à cette heure, l'enfant aveugle de la Providence ? Je sais où je vais, mais je ne connais ni lieux, ni personnes, ni moyens, ni l'heure choisie, ni ce que je dois faire, ni ce qui m'attend. Je suis prête à partir, je désire partir, et tout cet inconnu me pèse et m'effraie. Je prie Dieu de m'enlever, et je me trouve plus que jamais nécessaire ici (naturellement parlant), si nécessaire que j'ai, parfois, des remords de les vouloir quitter tous. »

« Le Bon Dieu me veut bien, n'est-ce pas ? Oh ! alors il ne doit pas être mal de désirer partir. Alors, je l'en supplie, qu'Il m'arrache, qu'Il fasse vite !.... Je vais prier Marie, pendant son beau mois, pour qu'elle m'emmène bientôt, au Paradis de la terre, où l'on aime Jésus, où l'on travaille pour Lui, en combattant sa nature, tous les jours. J'y deviendrai meilleure, j'y trouverai des forces, j'y ferai un peu de bien, j'y serai plus à l'abri des tentations de l'orgueil, et de la crainte d'être amollie, par les soins que l'on prend et que je prends de moi. Le 30 Mai, mes catéchisés font leur Communion ; je n'ai plus aucune œuvre à faire, je serai toute à moi. Oh ! si la sainte Vierge voulait !.... »

Elle n'oublie ni saint Joseph, ni la Providence, à qui elle a confié son départ et son arrivée.

12 Mai. — *Fête du patronage de saint Joseph.* — « Beau jour, avec du soleil, de la joie : tout l'éclat du printemps....

« Oh ! saint Joseph, mon bon Père saint Joseph, que je suis heureuse et que je vous aime ! Restez bien toujours mon Protecteur et mon soutien. Devenez-le davantage encore. Voulez-vous, nous allons partir pour l'Egypte, pour mon Egypte à moi ?.... Prenez-moi, pendant cette nuit, pendant mon sommeil, comme, autrefois, vous prîtes le divin Enfant Jésus, votre heureux trésor ; mettez-moi dans les bras de Marie, à la même place où elle contemplait, embrassait, serrait contre son cœur, ce Fils si tendrement chéri, et puis, soyez mon guide, emmenez Marie qui m'emporte ; vous savez bien le lieu que la sainte Providence a préparé pour moi.

« Mais, tandis que je prends votre place, bon

Jésus, veuillez tenir la mienne, je vous prie.
Soyez l'enfant de ma mère, remplacez, par un
Jésus modèle, par le plus tendre des consola-
teurs, la Madeleine imparfaite, que Marie et
Joseph enlèvent à sa famille. Soyez tout ce que
je leur suis, et même ce que je devrais être :
consolez, fortifiez, ne vous lassez point de
bénir.... Vous êtes la lumière.... ils verront !
Vous êtes la force... ils se lèveront... Vous êtes
l'amour, ils seront réchauffés.

« Sainte et adorable Providence, humblement
prosternée aux pieds de Jésus, Marie, Joseph,
je viens m'abandonner à vous.... Mon Dieu,
mon Roi, mon Maître, je sais que vous avez sur
moi des desseins, que vous les voulez accomplir, que vous travaillez à cette œuvre, j'accepte
donc toute la suite d'événements prévus et
ordonnés par vous, qui se doit dérouler et m'arracher au monde. Je veux tout, j'accepte tout,
je vais au devant de tout, le cœur ouvert, confiant, heureux, vous adorant, vous bénissant
toujours, reconnaissant partout votre main paternelle et divine, souverainement puissante et
bonne. Fiat ! Fiat ! »

« Je suis indigne mais vous êtes bon ! »

Tout, cependant, n'était pas encore prêt. « Un an ! les mois coulent, et l'on me renvoie encore à un an ! » Il fallait bien, avant une décision définitive, la mettre en relation avec les Auxiliatrices, les lui faire connaître, dans leurs maisons, au milieu de leurs œuvres. Pour cela, un voyage à Orléans ou à Paris était nécessaire.

25 Août, *jour du Saint-Cœur de Marie.* — « Un coup de levier puissant a soulevé la question et relevé l'espérance en moi. « Je me suis aidée », le ciel a fait le reste. Je viens d'emporter la permission de m'en aller vers la capitale. Notre départ est fixé au 10 septembre, ce jour, où l'an dernier, j'ai versé tant de larmes ! »

Ce voyage se fit sans apporter le résultat espéré. Une circonstance imprévue ne permit pas que le désir de Madeleine fût bien compris, lorsqu'elle se présenta rue de la Barouillère. Dans la conversation avec la Mère qui la reçut, il fut question de toute autre chose que des œuvres de la Société, et, la timidité aidant, elle n'osa pas aborder les difficultés qui pouvaient encore rester dans son esprit.

« Ce froid un peu rude, écrivait-elle, le 27 septembre, n'a pas été mortel. On me dirait : retournez voir, et j'irais. Je suis toujours prête à m'aider ; mon second pas ne vaudra que mieux, pour être plus humble, plus craintif, et plus pénible. »

Elle emportait, cependant, la consolation d'avoir prié, près du tombeau de la Vénérable Fondatrice. Elle avait aussi vu de près les personnes ; elle connaissait la Maison-Mère. C'était peu, mais c'était un premier pas de fait. Le second portera de meilleurs fruits.

Son apostolat près des siens et de ses amies.

De longs mois devaient encore s'écouler, avant l'accomplissement de ses désirs.

« J'ai compris, je le crois. Voilà ce qu'il faut apprendre : souffrir, traverser l'épreuve, persévérer, regarder en haut, tout en haut, sur les hauteurs du sacrifice, y trouver le devoir, l'embrasser avec toute l'énergie de ma volonté, ne m'attacher qu'à lui. Je le veux. J'arriverai là, malgré les angoisses, la tristesse, malgré moi-même.

« Vivre du présent, sanctifier ce présent, n'est-ce point assurer, pour plus tard, la lumière et la force dont mon âme a besoin ? »

Madeleine se conforme donc à la volonté de Dieu ; sa vie devient la vie cachée de Nazareth, où elle cherche à se faire bonne, « comme Jésus, afin d'être Jésus, pour ceux qui l'entourent. »

Oh ! Elle les aime d'une affection, de plus en plus, tendre et généreuse, puisée à la vraie source intarissable du Cœur de Jésus.

« Je reviens vers les miens, le cœur heureux de les revoir. C'est une joie douce et calme, mais elle est pure et vraie. Pauvre mère, tout mon bonheur, c'est toi ! »

Toutes les deux, unies intimement, prient et veulent faire violence au ciel, pour ramener à Dieu les âmes si chères qui les entourent.

Plus elles sont éloignées et exposées à se perdre, plus la mère et la fille sont pleines d'attention et de pieuses prévenances pour elles.

Madeleine entoure son « grand-père chéri » de la plus filiale affection. Il est âgé, atteint

d'une maladie de cœur, et « si bon », il est bien
loin des pratiques chrétiennes !

« Mon grand-père m'apporte, ce soir, quelques
primevères, premières et humbles fleurs.
Comme je le reçois, comme je les aime ! Ce que
c'est que l'affection ! L'autre jour, je chérissais
une boîte d'allumettes, parce qu'il me l'apportait
du Mans... Qu'il est malade ! Je souffre de son
apathie morale, j'aimerais tout mieux que cela.
Ah ! si je comprenais son danger, si j'avais un
peu plus de foi..... Ce soir-là serait un beau
jour ! »

Au jour anniversaire de la naissance, elle
écrit : « Mon bon petit grand-père entre dans
sa 72e année ! Et, sur toute cette vie, combien
de jours passés dans la mort ! Ma neuvaine
finit ce matin, mais j'en suis assurée, pour le
faire revenir, il faudra plus que des prières, plus
que je n'offre ; il faudra du sacrifice et des larmes : mon sacrifice, le don de tout mon être, la
soumission absolue de ma volonté, le combat
acharné contre ma nature et mes goûts, le
mépris accepté, l'oubli cherché et voulu, la
solitude faite volontairement... Me le demandez-

vous mon Dieu? — Prenez autant que vous le
voulez prendre, travaillez et brisez, mais pré-
servez-moi, de là-haut, de me sentir lâche et
hésitante en face du devoir. »

Cette pensée du salut des âmes qui l'entourent, est bien sa pensée dominante ; tout s'y
rattache, et les moindres impressions la réveil-
lent.

« Je retombe ici. Je retrouve un grand-père
triste, sombre, d'une tristesse qui effraie, qui
glace... Mais, pourquoi es-tu triste, bon grand
papa chéri ? Pourquoi ? Que souffres-tu ? Est-ce à
l'âme ? Est-ce au corps? Si c'était Dieu!.....
Dieu te poursuivant de son amour, de ses me-
naces, Dieu pesant sur ta pauvre conscience,
Dieu te parlant comme il parle au pécheur. Si
c'était moi!... Et le pressentiment des tristesses
que je te donnerai, avant de te gagner, par mon
sacrifice, ta part de bonheur, que mère a payée
de ses larmes et de ses prières.

« Dis-moi, que faire pour toi? Sais-tu ce que
Dieu veut? j'avais offert ma vie ; il a pris plus
que cela. Mourir, c'était trop peu, il faut vivre
pour souffrir, pour aimer, pour travailler ! »

Loin d'écarter la réalité de ce sacrifice, elle en sonde, au contraire, toutes les amertumes pour le rendre plus méritoire.

« Je retrouve La Bonde et les miens ; mais, j'ai comme un avant-goût des blessures à venir ; plus tard, je vais être si cruelle pour eux tous, quand je leur dirai mon adieu... Pauvre grand-père ! As-tu senti tout ce qu'il y avait de tristesse et d'effroi, dans mon baiser de retour ! Tu étais si heureux de me recevoir ? Et un jour je te ferai triste et sans enfant ! Un jour, bientôt, je m'en irai, pour sauver ton âme par mon sacrifice !... Dieu le veut ! Parents que j'aime, un jour Là-Haut, oui, je l'espère, vous me pardonnerez et vous direz : Merci ! »

Combien les moindres signes de pratiques religieuses qu'elle aperçoit font tressaillir son cœur !

« Je trouve mon père bon, consolant, qui cherche partout sa petite médaille de Marie. Oh ! la Vierge bénie lui paiera cette recherche, cette attention, ces bonnes pensées. Oui, elle me le sauvera, celle que j'aime et celle qui les aime, ma mère ! »

Une autre fois, c'est son grand-père qui accepte d'être présent, lorsqu'on apporte la Sainte Communion à Mme Tronel.

« Mère est malade, et j'ai cependant de la joie au cœur, après une journée bien plutôt triste qu'heureuse ; c'est que je vois grand-père revenir peu à peu, et, de plus en plus, être bon. Ce soir, je lui ai dit : grand papa, nous te verrons demain matin, n'est-ce pas ? Et, à peine cette question posée, je me disais : qu'ai-je dit ? Que va-t-il répondre ? Voici sa réponse textuelle :

« Oui, mon petit chéri, à quelle heure est-ce ? » — Je n'ai eu qu'à dire : « six heures, » à embrasser, et à dire merci. Il faut le gagner par la douceur, la complaisance et l'affection, il faut le prendre par le cœur. Marchons, et bon courage ! »

Aussi, prend-elle cette résolution : « Tout à tous, tout pour les autres ; pour moi, le moins possible. Briser toutes les raideurs de l'esprit et du caractère. Me donner, m'adoucir ! voilà en deux mots, tout mon programme. »

« Me donner, donner de la joie, du bonheur ; tout souffrir, et ne faire souffrir personne. »

Madeleine avait conscience du besoin de cette lutte contre elle-même, car elle savait ce qu'était son caractère.

« Au premier janvier 1889, dit-elle, il me tomba pour étrennes ces quelques lignes trouvées par hasard, et que je veux transcrire : « Celui qui est né avec un caractère rude et « difficile, et qui parvient, à force de courage, « à l'assouplir, est souvent capable, plus tard, « de grandes et difficiles entreprises, pour le « service de Dieu, parce que cette raideur même « ou cette opiniâtreté naturelle, employée pour « le bien, ne sait ni faiblir ni se décourager. »

« Caractère rude, difficile, raideur, ajoute-t-elle, tout cela pour moi, et réponse de Jésus au programme pour l'année de grâce 1889. Travaillons ! »

Elle a déjà travaillé et elle continue à si bien faire, qu'elle-même constate des progrès.

« On dirait qu'aujourd'hui, Dieu a porté mon âme en Lui ; tout s'en est trouvé bien. Ils ont tous lu, sur mon visage, la joie du dedans, je me sentais aimable, j'avais le cœur ouvert, j'étais presque gracieuse. Oui, moi, j'étais gracieuse, parce que au dedans, Jésus dirigeait, et rien de ce qui est petits flots d'orgueil, tristesses, préoccupations terrestres, n'atteignait la pureté de mon ciel. »

« Hier, dira-t-elle un autre jour, j'ai beaucoup travaillé ; je les ai vus tous se retirer satisfaits. »

Et ses prières ne cessent pas d'appuyer, auprès de Dieu, ces grandes intentions. Le jour de Pâques 1889, elle écrit dans son journal : « J'ai communié à la vie, ce matin, communié, pour mes morts... au Jésus ressuscité, Tout-Puissant. Il a rempli mon âme d'une paix qui séchait les larmes, d'un grand silence recueilli, où j'ai pu lui parler et surtout l'entendre. Je lui ai montré mon état, je lui ai demandé non pas sa gloire, mais son amour ; je lui ai raconté mes craintes...

« Il m'a promis de me remplacer, de tout mieux faire que moi, près de ma mère. Il m'a dit qu'il fallait nécessairement que grand-père souffre ici-bas, pour être heureux, là-haut, que le sacrifice qu'il aurait à faire de moi, ouvrirait pour lui les portes du ciel, que les nôtres malades ne pouvaient rester, à la mort, enfermés dans leur sépulcre, qu'il a guéri Lazare, non pas sur sa prière, mais sur celle de ses sœurs qui l'aimaient.... Le Bon et Doux Maître m'a ensuite conduite à Marie. J'ai prié cette bonne Mère, de compatir à ma faiblesse et de pardonner à ma plainte. Je lui ai promis de tout accepter, de tout vouloir, je l'ai fait à l'avance; je l'ai félicitée du triomphe de son Fils, j'ai chanté, près d'elle, mon Alleluia, parce que « la grosse pierre de l'entrée » avait disparu, enlevée par Jésus. J'ai offert les parfums apportés par Madeleine, celui surtout de son amour, j'ai répété ma prière que je redis encore: Seigneur mon Dieu, mon éternellement Bon Jésus, faites que je vous aime ! Laissez-moi partir bientôt, pour aller vous suivre ! Je suis à vous dans l'amour ! »

Elle a ouvert le Cœur sacré de Jésus par sa prière, il lui faut maintenant y faire pénétrer tous les siens.

« Pour répondre à l'appel de Jésus, nous avons consacré toute la famille, à son divin Cœur. Nous nous sommes enfermés, là, tous, sans vouloir qu'aucun s'échappe, nous lui avons dit : « Soyez, chez nous, Maître et Roi. » — Et Il nous a reçus, et Il nous a bénis, et, depuis ce beau jour, rien ne doit nous faire peur. »

Elle ajoute : « Pauvre cher bon grand-père, tu sais bien, te voilà consacré au divin Cœur de Jésus, gare à toi ! — Jésus, oh ! donnez-moi son âme ! »

Madeleine n'oubliait pas ses amies ; elle continuait à être au contraire, de plus en plus affectueuse pour elles.

Sa correspondance avec Marie n'a pas cessé, non plus que les visites qu'elles se font toujours, avec la même amitié et le même bonheur. Elle lui écrit : « Combien ma Bonde s'anime et se réjouit, depuis que j'ai raconté à chaque coin de bois, à chaque petite allée, à chaque bouquet d'aubépine, la grande joie qui nous attend ! Je ne puis plus me promener, maintenant, sans que de tous côtés s'échappent ces trois mots : « Marie verra cela ! » Et les fleurs me promettent de ne point tomber, avant que vous n'en ayez joui, et les oiseaux exercent déjà leurs

chants, pour une aubade qu'ils vous veulent
donner, et mon cœur sourit à ce mouvement
qu'il dirige, et mon imagination s'enflamme !...
J'ai besoin de savoir que vous êtes heureuse ;
je veux que vous me racontiez cela, pour que
j'y trouve mon pauvre bonheur. »

A-t-elle une lettre de son amie ? Son journal
reçoit cette douce confidence : « J'ai reçu une
lettre de Marie, qui m'a donné un moment de
joie délirante. Jamais je n'avais saisi de cette
façon, la profondeur des jouissances qui n'atteignent que le cœur. Je n'avais aucun motif
d'être si heureuse, puisque je perds beaucoup
à cet événement, et cependant l'écho de son
bonheur remplissait mon âme, jusqu'à provo-
quer un cri d'allégresse. Elle est si libre, maintenant, mon âme ! Comme on s'oublie soi, dès
qu'on veut aimer Dieu ! »

A l'annonce de l'arrivée, c'est la même allégresse.

« Marie vient demain, demain ! Je suis folle
de joie. C'est que ma petite Marie complète ma
nature, elle est sûre de moi et je suis certaine
de son amitié... elle seule réside dans le sanc-

tuaire béni de l'intimité. Nous ne nous ressemblons pas, mais qu'importe? Nos âmes ont su se comprendre, elles se sont dit : « a jamais! »

Sur ce séjour de Marie à La Bonde, et sur celui de Madeleine à X... le journal est muet ou à peu près, car il ne porte que ces mots : « A X... atmosphère calme et heureuse... mais pas la mienne. »

Une lettre à sa mère est plus explicite : « Me voici, après un jour de repos, tout installée, et toute disposée à revenir bien vite, vers ma chère Bonde. Ses grands arbres, sa liberté me manquent; j'ai eu quelque peu le mal du pays, en arrivant hier. Il me semblait que j'étais trop loin de vous. Car, plus encore que mon petit bois, j'aime la chambre où l'on travaille et la table qui nous réunit chaque soir. Ce sont vos chers visages qui me reviennent et semblent m'appeler; c'est la famille, par dessus tout, que je voudrais, ici, avec moi.

« J'ai retrouvé Marie, toujours bonne et prévenante; elle me soigne comme elle sait le faire. Ce sera une bonne maman à précautions, une mère Prudence, la sagesse même.

« C'est elle-même, la chère petite, qui a voulu aujourd'hui, se priver de moi, pour me faire sortir et marcher... Adieu, mère, je me porte bien.... Pauvres mamans, quelles croix sont ces vilaines filles, et quel cœur à tourment Dieu leur donne, pour les aimer ! Heureusement que petit à petit, Il introduit de quoi rendre, aux cœurs des enfants si peu bons parfois, si souvent ingrats et légers. C'est de cette monnaie bénie de ma reconnaissante affection que je t'envoie, somme bien ronde, en baisers tendres et respectueux. Toujours par toi, rapprochement de toute La Bonde. Les caresses du grand-père étaient bonnes, je les ai partagées avec Marie et lui renvoie le double. Dis à petit papa que sa fille l'aime bien, et sera heureuse de le retrouver; souvenir affectueux à mon oncle et à tous.

« Pour toi, ma chère bonne maman, l'expression la plus tendre de ma respectueuse affection. »

MADELEINE.

P. S. — Marie et son cher époux vous envoient leur témoignage de bonne affection. Ils

me soignent autant et plus parfois que je le
voudrais. »

Un petit mot était en même temps adressé au
bon grand-père :

« Petit grand-père, je prie saint Joseph qu'il
t'aide à rentrer tes foins sans orage. — Ne souris
pas, s'il te plaît, tu verras un jour que les
femmes, c'est bon quelquefois à quelque chose,
quand le Bon Dieu les écoute et qu'Il leur met
beaucoup d'affection dans le cœur, pour les
aider à mieux prier. Si je désire tant les beaux
jours, tu le penses bien, c'est beaucoup plus
pour le bonheur de te sentir heureux et rassuré
que pour le plaisir d'avoir un beau ciel et de
bonnes récoltes. Ah ! si je pouvais donner aussi
à mon bon petit père, avec quoi n'être jamais
préoccupé par les affaires, comme je ferais vite
marché. Chers bons pères, soyez heureux, pour
que mère et moi nous le soyons aussi ! »

De loin, comme de près, les deux amies
« sœurs d'âme », cherchent par tous les moyens
à s'encourager, à se faire du bien. Elles se sont
donné rendez-vous, à midi, chaque jour, dans
une prière commune.

« Midi, aux pieds de notre Dieu. Ma chère Marie, y êtes-vous, au même lieu? Suis-je seule? Non, je ne serais pas votre amie, si vous n'étiez pas fidèle au rendez-vous que nous nous sommes donné. Quoi de meilleur, en effet, pour fortifier et entretenir une amitié, gênée par la distance, que de se trouver, chaque jour, unies dans le même cœur, pour aimer, prier, bénir !

« Qu'il fait bon, *mon ange visible,* s'aimer comme nous nous aimons; que de liens, que de charmes et quelle solidité ! Nous nous tenons, Marie, plus fort que jamais, aujourd'hui, car notre amitié a passé par les deux épreuves de la souffrance et du bonheur, et aux deux elle a résisté. Puissé-je, un jour, vous rendre le bien que vous m'avez fait. Oh! comme vous tenez à ma vie, comme vous y tiendrez toujours! »

Dans cette amitié, si forte et si douce, parce qu'elle est vraie, il y a communication complète de tout ce qui peut faire du bien au cœur. Chacune met son amie au courant de ce qui se passe près d'elle.

Tandis que le soin de sa maison occupe

Marie, Madeleine se livre à ses lectures et autres travaux, dont elle fait part à son amie.

« Je travaille et je lis, sans pouvoir avancer à tout ce que je veux. Malgré votre désapprobation, je vous confie, à vous, que je me fais *latiniste!* Dieu, quel cri d'effroi ! Que voulez-vous, Marie, il me faut de l'occupation ! J'obéis à qui vous savez, et mon but est si dépouillé d'idée ambitieuse, que je n'y trouve point scrupule. Pensez bien que jamais je n'arriverai à parler ou à écrire latin ; ce que je veux, c'est seulement voir clair, en face de citations rencontrées de çà de là, dans les ouvrages, et qui me faisaient rager de dépit. Au reste, je me garde bien d'espérer autre chose, si ce n'est chanter un jour, peut-être bientôt, nos psaumes, en les comprenant. Il en est de si beaux !

« Mais, ce n'est pas tout, Lacordaire m'attend avec ses conférences, je viens d'achever sa correspondance. Nous lisons avec ma mère, Garcia Moreno. Tout cela me remonte l'âme et me remplit la tête. C'est bon d'avoir de quoi occuper la pensée en même temps que les doigts. »

Et vous, petite Marie, lisez-vous encore ?

Vous ne me parlez pas de cela. Entre amies, voilà pourtant des choses qui se doivent raconter, voilà des communications à faire... »

On ne s'étonnera pas de l'entendre dire, au milieu de semblables occupations : « Qui ne trouverait ma vie heureuse? Si l'agitation, l'enivrement, les grandes joies n'y ont pas de place, combien le calme, la liberté, le facile emploi de mes heures paraîtraient à d'autres dignes d'envie.

« J'éprouve un impérieux besoin de m'étendre, de connaître, lire, écouter d'autres âmes supérieures à la mienne; entrer dans leur vie, leurs pensées, leurs sentiments, quel plaisir ! Un bon et beau livre console, soulage, élève l'âme, donne à l'intelligence les meilleures consolations, à la volonté une force pour les mauvais jours.

« Mon cœur s'attache au foyer où ma mère résume et soutient tout mon bonheur. Cette vie qui me semblait si difficile à prendre, comme je l'aime ! »

Son amie, en recevant la bénédiction de la
maternité, allait devenir le soutien d'une autre
petite Marie, née le 9 septembre, Madeleine lui
écrit : « Ce que je dis de cette coïncidence, de
tout cet événement, mon amie ? mais, que la
Providence vous aime et vous le montre si bien,
que j'en connais peu d'aussi gâtées, d'aussi
heureuses que vous. Décidément saint Joseph
a fait des merveilles, pour récompenser votre
foi, et je n'avais pas apprêté un si formidable
« merci » à lui dire. Ce qui m'a frappée surtout, c'est ce désir exaucé, cette fête du 8 septembre célébrée selon vos pieux souhaits, et
terminée d'après vos rêves.

« Que je voudrais la voir votre petite fille !
Elle est encore peu intéressante, sans doute,
mais, pour moi, qu'elle aurait de charmes ! Oh !
ma Marie, tenir votre enfant, votre vie, votre
bonheur dans mes bras, déposer sur son front,
un de ces baisers qui valent des prières, la
regarder avec tout mon cœur, attirer sur elle,
autant que possible, toutes les bénédictions que
je lui désire!... Puis, reporter sur vous ma
tendresse et mes yeux, jouir de votre allégresse,

me faire de la famille, pour aimer, pouponner, dorloter les deux Marie, qui en sont l'âme, quelle joie, quel songe tout bleu !

« Mais non, je dois seulement vous envoyer mon cœur, et rester loin de vous ; vous le comprendrez bien, vous le pardonnerez surtout, petite amie, pour laquelle j'ai tant laissé de choses autrefois.

« Demain (2 octobre) je vais prier l'ange gardien de votre petite Marie, afin qu'elle reste, toujours, uniquement un sujet de bonheur pour sa mère. Je lui demanderai quoi?... Oh ! beaucoup de choses. Ce doit être si bon l'ange d'un autre ange ! Et tant d'innocence attire si bien les regards du ciel sur un petit berceau ! »

Quelques jours plus tard elle lui dit :

« Votre enfant, Marie, confiez-la, donnez-la ! que la bonne Dame de.... soit sa vraie grand' maman, qui la gâtera des dons du ciel : qu'un jour, comme moi, elle dise en bénissant sa mère, en la chérissant du plus profond de l'âme : « Merci, mon Dieu, de m'avoir placée dans des bras qui m'ont portée avec amour sur votre autel, merci, d'avoir formé mon âme par

les soins d'un cœur qui vous aime, merci de
m'avoir fait entendre, de si bonne heure, votre
nom, de me l'avoir rappelé si doucement, tant
de fois, quand j'oubliais mon devoir, de m'avoir
donné comme gage de salut, la protection d'une
mère pieuse, forte, dévouée.... que c'est donc
bon une mère ! une maman comme la mienne ! »

A la même date elle mettait dans son journal :
« Que je devienne prodigue d'affection, toute
perdue moi-même, dans le plus absolu dévouement. »

Dans cette affection, Marie avait la première
place : « Elle sera toujours la première et la
plus tendrement aimée ; » mais à côté d'elle,
d'autres amies viendront trouver, près de Madeleine, le don d'une vraie et sainte amitié. S. C.
une autre Marie, Mathilde, Jeanne, etc... prennent place souvent dans les notes de ses cahiers.
Cette exclamation lui échappe : « Comme je
suis aimée ! » et elle aussi est heureuse de pouvoir aimer.

7 février. — « Hier, au Mans, j'y suis allée

chercher des nouvelles : j'y ai revu mes amies...
que de choses j'ai apprises : deuil, mariages,
naissances, tout se mêle, tout se presse, les
morts surtout ! N.... ma bonne N... que j'ai vue
longtemps, semble dans un monde de demi-
bonheur, qui, pour elle, tout beau qu'il soit,
n'est pas ce que j'aurais voulu. Elle, aujour-
d'hui que je la connais, je le crois, elle était
faite pour mieux encore que la perfection
d'une créature ; elle a un cœur grand comme
le ciel ! »

N... vient-elle à La Bonde : « J'ai N... s'écrie-
t-elle, nous nous promenons, nous causons,
nous nous entendons. J'écoute, ravie... Mais
ce qui lui fait battre le cœur, ce n'est rien près
de ce qui m'attend. Elle a le bonheur de la terre,
j'ai l'infini du ciel ; elle puise une eau déli-
cieuse, c'est à la source que je vais boire ; elle
nage dans l'espoir avec ravissement, je puis
creuser encore bien plus loin et m'enfoncer
dans les profondeurs de mon espérance ! Elle
est heureuse... je sens moins qu'elle, et sa joie
me laisse sans regrets. Je sais à qui je me suis
donnée, et je connais celui que j'aime. Merci,

merci mon Jésus, de m'avoir voulue pour vous
seul !

« Si l'on m'offrait le bonheur mondain le plus
beau, je serrerais plus fort sur mon cœur, la
croix qui leur fait peur, et, Dieu m'aidant, je
leur dirais à tous : « Voilà mon partage et voilà
mon bonheur ! » — Qui peut comprendre, s'il
n'a pas goûté !

« Pourquoi cette miséricorde particulière tombant sur moi, quand des âmes plus belles et
plus dignes que la mienne ont pu chercher leur
vie, en dehors de vous ? quand, les attirant,
parce qu'elles étaient grandes, vous les avez
laissées se prendre à des demi-joies, se partager, mettre de la terre, du fini, dans leur bonheur ? Et moi, trop heureuse, vaincue d'un
amour infini, j'ai vu la nuée s'ouvrir, mes rêves
se briser, mes espérances tomber en ruines ;
j'ai désiré en vain quelque contentement pour
mon cœur, et bien inutilement... Mon Dieu,
vous avez dit : « Non, » quand je m'abaissais à
tendre la main sur la route. Mon Jésus vous
m'avez choisie !... Comment vous en louerai-je ?
Comment dire ? Oh ! avec quel cœur, unie à ma

mère du ciel, faire monter, vers vous, le Magnificat ! »

10 mai. — « J'ai quitté mon amie ; je vivais
à deux, je retombe seule.

« Mon Dieu, maître si bon, rendez très heureux ce cœur, que vous seul pouvez satisfaire ;
restez quelque part, dans cette âme, où vous
soyez bien vite retrouvé, gardez-la toujours
grande, noble, délicate, élevée, afin qu'elle soit
plus près de vous. Adieu ! chère petite, qui
vous lancerez bientôt sur l'océan que ma barque évite, adieu ! vous emportez un coin de mon
cœur avec vous ; regardez toujours l'étoile qui
vous guide, je la connais, je la suis. Séparées,
pour ce qui touche la terre, nous avons le même
ciel, la même Providence et les mêmes espoirs,
à Dieu ! »

25 mai. — « Et voilà qu'on me confie une
âme, à moi pauvre estropiée, une âme à faire
monter au ciel ! Bonne sainte Vierge, je suis
dans vos bras, vous en porterez deux ensemble... Je vais donc attirer ma jeune sœur
près de vous ; c'est une Marie, elle doit vous
aimer... Je ne la connais pas cette âme, ma

sœur, elle ignore que j'existe, mais nous nous trouverons un jour dans le cœur de Jésus, amenées par vous et par notre Père commun. Je l'aime déjà, ma petite sœur, bénissez-la et bénissez-moi ! »

Madeleine, d'elle-même, avait demandé à son Directeur de devenir son associée spirituelle, et sa ferveur avait trouvé, dans cette union d'apostolat, un moyen de se soutenir et de s'exercer. « Du courage ! à l'œuvre ! Il faut remplir la « Cassette », et y déposer, de temps à autre, le mérite des croix que le bon Jésus daignera me donner. »

Et cette cassette ne cessera de se garnir abondamment, jusqu'à la fin de sa vie. Elle y amasse son trésor qu'elle appelle « le trésor du Cœur de Jésus. »

A cet effet elle a pris un cahier sur lequel elle tient un compte exact de ses journées et des actes méritoires qu'elles renferment.

Dès le pensionnat, Madeleine avait nourri en

elle la dévotion au Sacré-Cœur. Lorsqu'on y avait organisé la *Garde d'honneur*, elle voulut donner le tableau du Sacré-Cœur, où les noms sont inscrits avec les heures de garde. Elle ne cessa pas d'être une généreuse zélatrice de toutes les œuvres qui se rapportent à cette grande dévotion. L'église de Changé lui devra une statue du Sacré-Cœur, et elle s'y emploiera au règne de ce divin Cœur. Aussi, quel n'est pas son bonheur, lorsque la consécration de la Paroisse se fait solennellement.

« Le Règne du Sacré-Cœur est commencé dans notre Paroisse ; du courage, en avant toujours ! Sans peur et sans reproche. C'est pour le Bon Dieu ! »

Ces quelques lignes de son journal nous révèlent que l'action de son zèle trouvait, là, sa récompense.

A la basilique de Montmartre, elle envoie plusieurs pierres, pour lesquelles elle s'emploie, jusqu'à son départ, à recueillir de nombreuses souscriptions, en y faisant entrer ses étrennes au Sacré-Cœur et ses autres offrandes.

Dans la chapelle de la B. Marguerite-Marie,

un claveau, marqué T. S. (Tronel-Seigneuré),
sera le don de la famille, et la chapelle de
Sainte-Madeleine en recevra un autre, don de
la mère et de la fille.

Aidée et fortifiée par la grâce du Cœur sacré
de Jésus, Madeleine va maintenant parcourir la
voie qui lui est tracée.

Le 30 septembre, elle fait ce qu'elle appelle
son second pas, en adressant à la Supérieure
générale des Auxiliatrices, une lettre pleine de
ses désirs et de ses demandes.

A peine a-t-elle reçu la réponse encourageante
qu'une circonstance imprévue lui offre l'occasion de s'en ouvrir à sa mère.

« C'était mercredi, fin de notre neuvaine,
j'avais envoyé une supplique à N.-D. du
Chêne, tout à coup, il me prend au dîner, par
suite d'une observation douloureuse, une dé-
solation que je ne cache pas. Je me retire,
mère vient me trouver et je la vois tout en larmes à son tour. Tout aussitôt, ma paix revient,
je l'interroge sur le bonheur qu'elle avait goûté

dans sa retraite (elle venait à peine d'en sortir le jour même). Elle me dit : « J'ai pris deux résolutions : Vouloir ce que Dieu veut — Lui abandonner tout avec confiance. »

« La lumière était faite, la voie était tracée, je n'avais plus qu'à m'engager ; je l'ai fait doucement, tendrement, avec une force d'En-Haut.

« Et, mère chérie, lui dis-je, si Dieu te disait comme à Abraham : « Prends ta fille unique, que tu aimes, et immole-la moi, sur la montagne que je te montrerai? » — Elle m'a regardée, la joie du sacrifice a rayonné sur son visage; elle n'a pas versé une seule larme. — Oh! si j'étais seule, je te dirais : pars! Mais eux !.. » — Ce fut sa réponse, et je lui dis : « merci », le cœur gros de reconnaissance envers elle, et envers Dieu qui me l'a donnée.

« J'ai ouvert alors, devant elle, ce cœur qui lui fut trop longtemps fermé; je l'ai fait passer par mes luttes, par mes efforts, par mon bonheur; je lui ai dit pourquoi sa visite au nº 16 de la Barouillère; je ne lui ai pas même caché la déception qui m'y attendait. Pauvre petite mère! Elle avait tant prié! Elle avait tant souffert! Elle avait tant pleuré!

« Depuis quelques mois, suivant une inspiration subite, elle demandait à Dieu que sa fille reste vierge; depuis longtemps déjà, elle avait deviné le travail de la grâce, mes résistances, la dernière victoire ; elle n'attendait que mon ouverture et ma décision. D'ailleurs elle avait senti, elle aussi, que son enfant ne devrait appartenir qu'à Dieu seul. Ce qui l'inquiétait, ce qui l'effrayait, c'était mon indépendance.... Elle en a tant souffert! Mais, je le crois, pour mon plus grand bien, il fallait que je trace moi-même ma voie, avec des regrets, des souffrances et des larmes, pour arriver à ses désirs. Peut-elle désespérer de ses demandes et craindre, pour ses âmes pécheresses, l'endurcissement final, quand Dieu a fait pour moi un miracle si grand! Pouvait-elle espérer que ses larmes, un jour, changeraient si complètement mon cœur? »

Dans cet entretien, la grâce de Dieu avait

élevé ces âmes au-dessus des horizons terrestres,
et, là, elles n'apercevaient que les dons célestes,
en contemplaient la beauté, la douceur; mais,
en se rapprochant de celles au milieu desquelles
elles vivaient, d'autres préoccupations les péné-
trèrent peu à peu.

« Mère est triste, écrit Madeleine, mère lutte,
elle est accablée.... pauvre mère ! »

« D'où vient ce nuage sombre, quand son ciel
d'il y a huit jours était si brillant et si pur? D'où
sortent ces flots amers, qui la bouleversent et
inondent son cœur? »

« Au milieu de cet orage, je garde, moi, une
paix qui m'étonne. On dirait que le Dieu
d'amour n'est occupé qu'à me protéger, qu'Il
veut me remplir de sa grâce, de sa joie, de sa
force, me donner tout, à moi qui ne méritais
rien... laisser les larmes et la croix au cœur si
riche, si fervent et si pur, qui me donna deux
fois la vie. Mon Dieu, vous le voulez? Fiat !...
Mais, Père, si c'est possible, que ce calice
s'éloigne des lèvres de ma mère, et qu'il vienne
plutôt s'approcher des miennes, qui le videront
en union avec vous. »

Pour obtenir cette grâce d'abandon, elle commence une neuvaine à la divine Providence. Or, la veille de la clôture, c'est-à-dire le 27 octobre : « Voilà, écrit-elle à son Directeur, qu'il arrive ce matin, à la maison, un petit événement qui pourrait bien venir de plus haut et s'appeler providentiel... Quelle suite aura-t-il, je ne sais, mais il me semble singulier que grand-père reçoive directement une demande qui me concerne, sans que mère et moi en eussions eu l'éveil. Mère s'inquiète de la réponse à donner ; maintenant qu'elle est du secret, il lui semble bien plus difficile d'éluder la question. Moi, je pense à vous demander de nous indiquer la marche à suivre, pour plaire à Dieu et favoriser le courant de ses grâces. Nous ne connaissons aucunement le parti qui se présente ; dans tous les cas, il est refusé d'avance, mais est-il temps de dire : « je ne veux pas me marier ?... » Mère est toute disposée à suivre vos conseils et vous les demande, pleine de confiance... Depuis quelques jours le soleil paraît ; nous recommençons le Magnificat si tristement interrompu, elle ressent même, dit-elle, parfois, une force joyeuse, qui lui apprend ce qu'est une véritable vocation, chose dont elle ne connut que l'attrait lointain. »

De nouvelles larmes devaient encore couler bien abondantes, des yeux de cette mère si généreuse cependant. Pouvait-il en être autrement ? Madeleine était l'enfant unique de la maison, avec elle la consolation, la joie rentrait au foyer ; mais, elle partie, et partie pour toujours, c'était la solitude, et, après ces années d'une si douce union, pour le cœur de sa mère, c'était l'isolement, sans presque aucune consolation.

Il y eut donc un de ces contre-coups si fréquents, que le Bon Dieu permet, pour éprouver davantage ceux qu'il aime. Le sacrifice, tout d'abord si généreusement accepté, parut, sinon impossible, du moins irréalisable, pour le moment.

« Ma pauvre mère pleure et s'attriste, le sacrifice lui brise le cœur... Elle me veut encore près d'elle ; elle me trouve nécessaire... Elle me montre sa vie, devenue un long et pénible martyre, sans moi... Ne puis-je donc vraiment espérer partir ? Puis-je espérer donner à Dieu de ma jeunesse, de mon ardeur, de ma vie, lui dire bientôt : « Tout est à vous ! soyez à moi !... » Dieu, Dieu, Dieu ! Laissez-moi espérer le trouver bientôt, dégagez mon âme de ce flot qui la couvre, de ces riens qui l'oppressent, de ces incertitudes qui la font gémir. Quand Dieu appelle, c'est pour qu'on aille à Lui ; je ne veux point voir autre chose. Je sais bien qu'autrefois j'avais refusé, je sais bien que je n'ai point mérité mon bonheur. Je tremblerais et n'oserais le saisir, si Dieu n'était que justice ; mais, béni soit-il, pour sa miséricorde ! Dieu est avant tout l'Être bon ! Oui, mon Dieu, c'est bien pour toujours, le Bon Dieu ! »

Pour fortifier cette âme, au milieu des luttes, des peines qu'elle allait avoir à subir, Dieu, toujours si bon, lui préparait un grand secours. Au mois de Novembre, une retraite méditée devait se donner à la maison du Cénacle, à Tours. A l'invitation qui lui fut adressée, elle put de nouveau répondre, avec quelques-unes de ses compagnes du Mans.

Les exercices de saint Ignace, qu'elle avait appris à connaître, trouvèrent son âme ouverte à toutes les grâces de lumière et de force, que le Cœur sacré de Jésus lui communique abondamment.

Sa vocation fut confirmée, et, de plus en plus, sa volonté se détermina à tous les sacrifices. Comme faveur spéciale, elle demanda de faire, au jour de la Présentation de la très sainte Vierge, le vœu de se consacrer à Dieu, dans la vie religieuse, désirant mettre ainsi, entre le monde et elle, une barrière infranchissable.

Son Directeur pesa, devant Dieu, les motifs de cette grave détermination, et, enfin, lui accorda ce qu'elle demandait avec tant d'instances.

Le 21 Novembre 1889, Madeleine, dans la joie de son âme, se présente donc à Jésus, par Marie Immaculée, se vouant irrévocablement à la vie religieuse.

En s'engageant ainsi, suivant le désir que Dieu lui avait donné, elle obtenait une béné-

diction plus abondante, pour toutes les démar-
ches qui lui restaient à faire, et sa volonté, plus
saintement affermie, se trouvait mieux disposée à surmonter tous les obstacles. La récompense ne se fit pas attendre.

« Quelles actions de grâces ne dois-je pas à
Dieu, qui m'a permis de faire cet acte !

« Maintenant, j'ai la lumière, je la trouve partout... J'éprouve un sentiment de paix étrange,
rien ne s'élève contre la certitude. Il semble que
déjà je ne m'appartiens plus ; je suis lancée, je
ne tiens plus... »

Elle aurait voulu aller encore plus loin dans
son offrande. De retour à La Bonde, elle écrit,
dès le 29 Novembre :

« Le 21 de ce mois, j'ai fait à Dieu, avec l'intention de m'obliger, la promesse irrévocable
de me consacrer à sa gloire et au salut des
âmes, dans la vie religieuse ; ne pourrais-je pas
porter cet engagement plus loin et me lier par
un vœu réel d'apostolat ? Je le placerais, le 8
décembre, ou pendant l'Octave, sous la protection de Marie Immaculée et de saint François-
Xavier. Ce serait l'offrande d'un premier fruit

des lumières reçues à la retraite, et j'entrerais ainsi, avec bonheur, dans le second point de ma vocation, espérant obtenir par cet acte, de la divine miséricorde, ce dernier regard qui doit tout emporter. »

On le voit, son désir était d'augmenter ses mérites, afin de toucher davantage le cœur de Dieu, de qui seul elle attendait le secours nécessaire à la réalisation de sa vocation.

La permission ne lui fut pas accordée, et elle abandonna son désir avec une soumission filiale.

De Tours, elle avait envoyé à sa chère mère, une lettre dans laquelle étaient exposés tous les motifs qu'elle avait de ne pas retarder son départ. En communiquant la première partie de cette lettre à son Directeur, elle avait mis, sur un petit papier, ces mots :

« Madeleine demande à son Père, si elle peut continuer cette lettre, et l'envoyer, ce soir. Elle n'écrivait point sur la terre, mais celle qui doit la lire y sera. »

Elle ajoutait : « Oh! merci d'avoir rappelé

mon âme à sa voie ! Dieu seul peut mesurer mon cœur : il ne pouvait aimer que Lui. Je vous dois bien plus que la vie, car j'eusse vécu de désespoir ailleurs qu'en cet unique chemin. »

La lettre avait été envoyée.

Pour qui ne connaissait pas le style et par conséquent le caractère de Madeleine, les élans qu'elle contenait, exprimés d'une manière idéale, pouvaient paraître exagérés. Mais elle avait été écrite pour sa mère. Celle-ci eut la pensée de la montrer à une personne, en qui elle avait confiance. Le jugement qui fut porté persuada, quelque temps, cette excellente mère, et elle crut bien faire, en combattant les idées de sa chère fille. Combien, plus tard, elle exprimait son regret de l'avoir ainsi fait souffrir ! Mais, c'était une épreuve de plus, qui, pour la mère comme pour la fille, devait être méritoire et les préparait, l'une et l'autre, à de plus abondantes bénédictions.

« Mes lettres, mes élans sont, m'a-t-il été dit, des transports d'imagination dangereux. Je veux partir (on le sent bien) sans regarder si Dieu le veut... Vous, mon Père, croyez-vous aux transports d'imagination dangereux? Me voici, de nouveau, au même point, quand j'espérais presque fixer un peu l'époque d'aller à Dieu. Me veut-il bientôt? Ce mouvement qui me porte à le croire est-il vrai et surnaturel? »

Ce mouvement était certainement vrai, et la suite montrera quelle assistance Dieu prêta à sa réalisation.

Cependant, la confiance de Madeleine n'était pas encore partagée par son Directeur ; il répondait à ses empressements par des conseils de patience et de prudence. Elle avait commencé une série de neuvaines, qui devaient se continuer jusqu'à son départ, lorsque lui arriva l'autorisation de n'en faire qu'une par mois.

« Une seule chose m'a coûté un peu à lire : la suppression, ou plutôt la réduction de mes neuvaines. A peine, cependant, avais-je consenti à ce sacrifice, que j'y vis une volonté de Dieu. . Dans tous les cas, je ne m'appliquerai que plus parfaitement à faire, tous les mois, celle qui m'est permise. »

Le 8 décembre, elle écrit : « Combien je suis en paix, sous la protection de ma Mère. En paix, en grande paix. Je veux prier, avec cette foi qui jette les montagnes dans la mer, prenant confiance dans cette aide puissante. » Le 12, elle ajoute : « Hier, j'ai prié bien fort, prié avec mon cœur tout entier, et non seulement le mien, mais surtout celui de Marie. Ma chère espérance était si forte, ma confiance si profonde, que je me croyais déjà tout exaucée. Le soir, il me semblait étrange de n'avoir rien vu d'extraordinaire, de n'avoir point senti la main de Dieu se poser sur moi, pour m'enlever. Ah ! que c'est bon cette prière qui semble vouloir arracher du Cœur de Jésus, ce qu'on sait bien que lui-même veut donner ! Quand viendra-t-il ? Quand le *Magnificat*, qui s'entonne déjà, sortira-t-il de mon cœur ? »

Malgré cette sainte impatience, malgré le poids de sa vocation qui l'accable, sa vie extérieure ne cesse pas d'être simple et généreuse.

« Autour de moi, tout est en paix ; mais en moi loge la tristesse. C'est bien mon âme qui -est malade d'avoir trop grandement espéré.

Quand viendra l'heure bénie ? En attendant, voici la journée de Madeleine, la Solitaire :

1/2 heure de méditation.

Sainte messe et communion.

5 heures 1/2 de travail manuel pour les pauvres.

2 heures d'exercices corporels consciencieusement pris.

Promenade, pendant laquelle, au milieu des bois, je chante au Bon Dieu que je l'aime.

Chapelet avec ma mère.

Tous les soirs, pendant 1/4 d'heure et en marchant, visite à Jésus dans l'un de ses mystères douloureux. Prière seulement du cœur qui rapproche de Lui.

2 heures 1/2 d'étude et de lecture.

Le règlement détaillé suivait, montrant que la journée, de 5 h. 1/2 du matin à 9 h. 1/2 du soir, ne pouvait pas être mieux employée. Survenait-il quelque circonstance imprévue, quelque absence, elle se replongeait « avec un bonheur d'ermite, dans les occupations de sa solitude. »

Ainsi se termina l'année 1889, année d'attente, que va suivre l'année du départ. Dieu exaucera enfin le vœu qu'elle exprimait dans son journal, le 31 décembre, 9 h. 1/2 du soir. « Je voudrais bien partir ! Seigneur, tout mon désir est devant vous ! Sanctifiez-le, recevez-le ; donnez-moi pour unique part de vous aimer toujours et toujours davantage ! Dieu seul ! »

§ V. — Départ.

L'année 1890 commença au milieu des peines et des inquiétudes. L'influenza avait visité La Bonde et atteint les habitants, transformant la maison en véritable hôpital. La Sœur de Charité s'y trouvait heureusement ; c'était Madeleine, que la maladie avait épargnée. Quelle bonne occasion de se dévouer, pour ceux qu'elle aimait d'une charité si vraie et si compatissante. Dieu la récompensa, en augmentant en son cœur la confiance qu'elle avait. Voici comment elle fait part de cette impression de la grâce.

« Vraiment, mon Père, l'heure me semble approcher ; mon désir n'est plus une peine, je le sens tout espoir ; ma volonté veut de près et,

plus elle sent sa faiblesse, devant les difficultés
et les peines, plus elle croit son affaire facile,
moins elle accepte que l'impossibilité ne se
puisse accomplir, quand on veut Dieu et qu'on
a la foi.

« Il me semble même n'avoir pas grand obs-
tacle réel à surmonter, et vous me pardonnerez
de vous paraître encore impatiente, quoique
résignée, dans l'attente du bonheur que Dieu
m'a fait rêver.

« Du côté de la famille, j'aurai des souffrances
à recevoir, je le sais, mais quelle âme vient à
son Dieu sans souffrir? Cependant, je suis
pressée, depuis plusieurs jours, du désir de
vous rappeler qu'aucun des miens n'aura, je le
crois, la volonté ou le pouvoir de m'arrêter.
Mon père cédera, dans sa foi, au désir divin ;
mon père moins que jamais n'est capable d'op-
poser un refus véritable à mes volontés. Quant
au bon papa... le cœur saignera... le méconten-
tement sera gros ; mais, Dieu le tiendra, et ces
blessures-là, c'est Lui qui les soigne ! »

Dieu parle comme il lui plaît et quand il lui
plaît, et une âme qui sait écouter sa voix, dans

la prière et le recueillement, ne peut pas ne
pas l'entendre. N'était-ce pas Lui qui avait inspiré cette lettre, où, pour la première fois,
Madeleine manifestait si simplement la possibi-
lité d'obtenir le consentement de ses parents ?
Jusque-là, elle n'avait vu qu'impossibilités,
elle désirait une sorte de miracle.

« Attendre le moment de la Divine Providence » avait été la réponse faite à toutes ses
demandes. Or, il parut à son Directeur, avec la
grâce que Dieu donne aux instruments dont il
veut se servir, que l'heure de l'action était
arrivée. La lumière divine avait montré la voie,
sa force allait faire surmonter tous les obstacles.

Le 15 Février, cette assurance était donnée à
celle qui, déjà, aimait à s'appeler « la petite
Auxiliatrice ».

Le 15 Février !... quel rapprochement à faire,
entre ces deux jours, 15 Février 1890 et 15 Février 1891 ! L'un commence ce que l'autre achève ; le second couronne ce que le premier a fait
mériter !

Toute la lettre écrite ce jour-là est pleine des

sentiments que Madeleine a pu exprimer sur le seuil de l'Eternité.

« Que dire! Je n'ai plus de parole ; ce que je sens ne peut s'exprimer. Dieu soit béni! Dieu soit éternellement béni! Béni par ses anges, par ceux qui l'ont aimé, par Marie, la Mère des grâces, par Jésus son Fils bien-aimé!

« Je viens de dire le *Te Deum,* de me mettre à genoux, en me donnant tout-à-fait. Je crois à la voix qui m'appelle, j'espère le secours promis, j'aime surtout Celui qui daigne enfin appeler sa servante à le suivre, dans la patrie de ses désirs.

« Ce matin, j'étais loin d'espérer recevoir quelque chose de vous, mon Père, et, cependant, écoutez comme ma prière préparait bien la grâce du divin Cœur. Ma méditation avait dit : « Tu as marché sans sac ni bâton ni chaussure ; tu as marché longtemps ; maintenant l'heure est venue, va, achète le glaive qui doit tout séparer. » — Et j'avais répondu : « Seigneur, en voici deux, mon amour et ma foi ; vous ayant avec moi, que ne puis-je pas briser ? » Ce matin, encore, après la sainte Communion, me trouvant distraite tout-à-coup, je suis allée vers Marie, je lui ai remis en mains toutes mes intentions, et, me ramassant tout entière, je ne me suis plus occupée que d'offrir à Dieu mon désir, par son Fils, au nom de Jésus. Je frappais de plus en plus fort, je ne demandais plus, je voulais.... me déclarant très indigne de cette dernière grâce, mais, reconnaissant combien je l'avais été des autres, pour mieux faire éclater la grandeur des divines miséricordes.

« Il se célébrait un mariage ; ce m'était donc facile de réclamer aussi mon anneau d'alliance, à la Sainte Vierge Marie, à laquelle je disais pour toute prière : « Mère bénie, unissez vos enfants. »

« C'était la fin de ma neuvaine, et je suis exaucée!... Oh! qu'il est bon mon Dieu!

« Enfin, lorsque j'allai trouver, comme chaque jour, mon bon père saint Joseph, pour lui confier *notre affaire,* je n'ai plus dit : « Faites que M. de C... (1) et moi nous allions bientôt au Bon Jésus, qui nous attend, mais, faites que nous *partions, aujourd'hui,* pour arriver à

____

(1) Une des retraitantes du Cénacle.

Dieu. » — J'étais moi-même surprise de ce mot, qui n'était certainement pas de moi, si surprise de l'effet produit, en mon cœur, que je cherchais ce qui pouvait bien me faire partir, aujourd'hui, quelques instants plus tard, je le savais, et, tombant à genoux, j'en bénissais le Dieu d'amour.

« Providence bénie, conduite par le Cœur sacré de Jésus, je m'abandonne plus que jamais à votre amour : je veux tout, je ne regarde rien, je dis : « Oui, je suis prête ! » — J'ai votre main, et je regarde en paix la *barre terrible* qu'il va falloir passer. Rien ne s'oppose à mon départ; il peut être aussi prochain que les préparatifs à faire le permettent. Je laisse donc la date, entre les mains de Dieu, vous abandonnant tout le choix, selon ce qui vous paraîtra nécessaire ou meilleur. Toutes les époques me trouveront à la disposition de Dieu, pour accomplir ses desseins, en suivant vos avis... J'attendrai, avec calme, avec confiance, votre décision suprême, docile, jusqu'au bout, à la voix qui m'attire dans les bras de Dieu, pour m'ouvrir ensuite le plus intime de son cœur. Jusque-là, je vais puiser,

dans le sang divin, la force du sacrifice, bien
nécessaire, je le pense, pour l'heure où il faut
tant de courage. Dieu m'accordera jusqu'au
bout, de le vouloir quand même, et d'arriver
à Lui. *Je me remets, paisible, entre ses bras
de Père.* »

Tels étaient les derniers mots de cette lettre,
à quelle heure les écrivait-elle? Peut-être à
l'heure, où, un an plus tard, jour pour jour, elle
arrivait à Dieu, dans l'éternité, *se remettant,
paisible, entre ses bras de Père !*

Qui ne serait frappé de ce rapprochement?

Il avait été convenu que, sans retard, la demande formelle d'admission serait adressée à la
très Révérende Mère Générale des Auxiliatrices
du Purgatoire.

La réponse ne se fit pas attendre, et, le 28 Février, Madeleine pouvait écrire : « Saint Joseph
m'envoie, ce matin, la réponse à ma demande.
Je l'attendais de lui, toujours si bon pour moi. »
Mais, cette lettre de la très Révérende Mère

disait, qu'il lui serait utile de venir passer quelques jours, dans une maison de l'ordre, afin que l'on pût juger ses aptitudes et la mettre, en même temps, mieux à même de connaître la fin de l'institut, ses œuvres, etc...

Ce n'était pas le départ immédiat qu'elle avait désiré, et la difficulté de faire cette absence, ajoutait à ses angoisses ; car, son cœur, à l'approche du sacrifice, éprouvait déjà le brisement de la séparation.

« Vous avez bien prévu, en pensant qu'on me proposerait de passer quelques jours, dans une maison de l'Ordre. Je veux le faire si Dieu le veut ; mais, pourquoi ce projet me laisse-t-il si froide ? J'ai peine à voir comment j'obtiendrai une telle permission. L'expérience du passé, le souvenir des jours si tristes, que l'appréhension d'un départ prochain fit passer à ma mère, la pensée de l'opposition, de la surprise, du chagrin de mes pères, m'avaient inclinée à ne parler du départ que, lorsque la date fixée, j'aurais dans cette décision, le soutien de ma volonté et l'appui pour les luttes qu'il me faudra soutenir.

« Plus j'approche, et plus je comprends que
le coup viendra surtout par ma mère et sur
elle. Tant que je ne pourrai pas dire : « C'est
arrêté », elle doutera de la volonté de Dieu, et
reculera son sacrifice. Pourtant elle est bien
bonne, ma mère, elle aime, plus que moi-même,
ce Dieu qui m'enlève ; mais l'aimer sans enfant,
toute seule, lui semble difficile.

« O mon Père, que je ne pense pas trop, que
je n'aie pas le temps de penser... Que je voie un
jour, une heure fixée pour tout quitter ; que
je me tienne, là, avec tous mes désirs, toutes
mes espérances, avec tout ce que j'ai d'âme, de
cœur et de volonté ; que rien alors ne m'arrête
plus, sur mon chemin, que j'écoute Dieu, et
Dieu tout seul ; que je brise, sans dénouer ; que
je combatte, sans reculer ; que je laisse couler
mes larmes, sans prendre souci des blessures
du cœur !... Dieu sera là. Cependant, je suis fille,
je suis unique, je suis aimée, je suis faible.
Faut-il affronter, pendant des mois, cette vie
d'opposition, de souffrance, que je devine?.....
Vous êtes la voix de Dieu, parlez, je vous écoute.
Ecce ancilla Domini ! »

Comme toujours, la divine Providence arrangera toute chose ; les difficultés s'aplaniront. Mais, il est bon de constater que Madeleine n'était pas une de ces personnes pusillanimes qui voudraient voir Dieu agir en tout, sans qu'il leur en coûtât rien. Ces personnes prient, mais n'agissent pas, et, par suite, ne savent pas appeler l'action de Dieu, en s'aidant.

A peine a-t-elle reçu le conseil de disposer sa mère à lui laisser passer quelques jours à Paris, qu'elle écrit : « La Providence bénie va tout conduire ; je m'abandonne...

« Je ne vois pas comment agir, mais je sais, par vous, ce que je dois faire, et je sais, par Dieu lui-même, que *je puis* le faire. Pas de faiblesse donc, à l'œuvre avec courage, pour arriver !

« Je commence, ce soir, 4 Mars, en annonçant à ma mère, aussitôt son retour du Mans, mes désirs et ma nouvelle résolution. »

Le 5 mars, continuant sa lettre, elle s'écrie : « *Deo gratias !* Mère semble préparée à tous les sacrifices. Je sais bien qu'elle ne voit, dans mon projet, qu'une absence d'un moment, mais, j'en ai dit assez, cependant, pour l'avertir que l'heure du grand départ approche. Le bon Maître a mis, dans son cœur, une telle confiance, que ma paix la gagne. »

Le courant de la grâce emportait, en effet, ces deux âmes, en les unissant davantage dans l'amour du Cœur sacré de Jésus, en les pénétrant, de plus en plus, du désir d'accomplir parfaitement, en tout, la très sainte Volonté de Dieu. Ce désir deviendra, avec le secours divin, la source d'une sainte allégresse dans le sacrifice lui-même.

Le 19 Mars, fête de saint Joseph, de Paris venait une lettre qui fixait le voyage et le séjour à l'époque de Pâques.

Au dernier moment, le départ fut encore retardé. « Mais, deux jours, c'est si petit retard ! Mon père saint Joseph a voulu prendre tout à fait le voyage sous sa protection, le remettre, comme celui de Septembre, de manière à ce que je sois toujours l'enfant du *Mercredi*.

« Ainsi donc, je m'embarquerai le 9 Avril ; il y aura ce jour même, six mois, depuis la grande ouverture à ma mère. C'est presque un anniversaire ! Le bon Jésus du Calvaire fortifie son cœur tous ces jours ; elle m'envoie, elle m'aide, elle embrasse le *Jésus seul.*

« Je suis confiante dans le secours divin. »

Au jour annoncé, elle arrive dans la capitale, et se dirige immédiatement vers la maison de la rue de la Barouillère.

L'impression de la première visite s'était bien un peu réveillée, mais elle se dissipa promptement, lorsqu'elle se vit confiée aux soins de la mère Sainte-Gertrude.

Après sept jours passés dans la prière et le recueillement, Madeleine fut de plus en plus convaincue que tout, dans cette communauté, répondait à ses aspirations.

De leur côté, les Révérendes Mères surent apprécier les qualités de cette enfant que Dieu leur envoyait. Il n'y eut aucun doute de part et d'autre, et, à la demande de la jeune prétendante, une réponse maternellement bienveillante fut donnée.

Dans une lettre touchante, l'heureuse postulante raconte cette conclusion si conforme à ses désirs.

« Que de choses passées, depuis quelques jours ! que d'actions de grâces à rendre au ciel !..

« Et la Révérende Mère Générale ! quelle bonté ! Mon cœur n'était point fermé, comme je l'avais craint, mais bien tout ouvert à deux battants, avec un beau soleil, en pleine liberté. D'ailleurs j'ai parlé sans la moindre peine. Saint Joseph me soufflait et Marie me tendait les bras... Je me souviens d'avoir répété : « Oh ! Mère, c'est tout entière, bien tout entière ! » — J'étais à genoux, les mains dans les siennes (qui tremblaient bien un peu aussi), sous son regard et son sourire que j'ai trouvés si bons !... Nous avons causé longuement ensuite : j'ai un peu dit ce que j'avais été, ce que je suis, et combien pour moi le Seigneur était bon, comment Marie fut, pour son amie, l'ange du salut.....

« Elle a tout de suite reçu ma demande ; elle m'a bénie, priant les bons Anges de me garder, de me ramener bientôt.

« Je ne touchais pas terre, en sortant du salon. C'était un *Mercredi !*

« Mercredi encore, je recevais votre double lettre (1) après avoir moi-même, sur une inspiration subite, écrit d'avance celle qui avertira grand-père.

« J'ai demandé à la très Révérende Mère, la faveur de les voir toutes les deux déposées, le lendemain, sur l'autel, pendant le Saint Sacrifice. Elle a semblé répondre à ma demande, avec bonheur. Ainsi, mes deux chères messagères de la grande nouvelle ont été bénies, sanctifiées, pénétrées de la vertu même du sang de Jésus. »

Le Lundi précédent, Madeleine avait eu la visite de son Directeur, et lui avait fait part de l'heureuse impression qu'elle recevait de tout ce qu'elle voyait dans cette sainte maison. A la fin de l'entretien, elle se leva joyeusement, et se plaçant devant la porte du petit parloir, dans une attitude toute chevaleresque : « Mon Père, dit-elle, vous ne pourrez pas sortir d'ici, sans que le jour de mon départ soit fixé ! »

« Eh bien ! mon enfant lui répondit celui-ci,

____

(1) Une de ces deux lettres était destinée à sa mère.

demandons au divin Jésus, par Marie et Joseph, la lumière dont nous avons besoin. »

Après avoir ensemble récité une prière, comme son Directeur lui demandait quelle date elle avait en vue : « Mon Père, reprit-elle sans hésiter, je pense au 1er Mai ! J'aimerais à partir sous les auspices de Marie Immaculée, et je crois que j'aurais plus de facilité à cette époque pour obtenir le consentement de mes parents. »

Une quinzaine de jours, n'était-ce pas trop peu ? — Il fallut examiner le pour et le contre, et enfin se ranger à son avis.

« Tout de même, s'écria-t-elle, m'y voilà ! Dans quinze jours, je serai la petite Postulante de Marie Auxiliatrice ! »

Elle convint donc que sa mère une fois prévenue, elle profiterait de la première occasion, pour avertir elle-même son grand-père. La fête du Patronage de Saint-Joseph, qui devait amener son Directeur au Mans, pouvait lui apporter un concours précieux.

Le 18 avril, de retour à La Bonde, elle écrivait :

« Votre lettre est lue... Jésus a reçu le grand sacrifice ! Maintenant, c'est l'heure pénible où la blessure saigne, bien que le courant de grâce qui m'enlève ait emporté, du côté de ma chère mère, des trésors de courage et de dévouement. J'attendais anxieuse l'effet de la nouvelle, je me préparais à quelque assaut ; je n'ai entendu que cette phrase : « J'étais prête ! » et je suis tombée dans ses bras...

« Oh ! que c'est bon le cœur d'une mère qui sait aimer !

« J'ai trouvé, ici, des visages joyeux ; ma fête à moi était très calme, j'allais si vite les quitter !... Plus les heures marchent, plus je les trouve longues. Oh ! comme c'est bien assez de quinze jours ! Mère le trouve aussi. Ma bonne, ma chère maman, nous n'avons plus qu'à peine jouir de notre réunion dernière, et tout le jour son cœur est bien gros. Pauvre petite mère ! Je ne dirai pas : « Si vous saviez ce qu'elle perd »... mais, j'ose bien dire : « Si vous saviez ce qui lui reste »?...

« Mais, oui ! vous le savez, et j'entends votre réponse, la seule vraie : « Elle perd Madeleine, elle trouve... Jésus ! Peut-on se plaindre et pleurer, quand Jésus reste là ? » C'est vrai, et sa part aussi peut encore être belle !...

« Je pense beaucoup à la petite fête intime du Patronage. Quel beau souvenir pour la mère et l'enfant, et aussi pour le père si bon, qui contemplera l'œuvre achevée, et offrira l'holocauste complet ! J'espère recevoir du ciel cette dernière bénédiction, cette joie consolante, vraie gâterie de la bonne Providence. »

La « petite fête intime » devait avoir lieu, le dimanche 27 avril, au Carmel ; c'était le IIIᵉ dimanche après Pâques et la fête du Patronage de saint Joseph. Mᵐᵉ Tronel et sa chère fille avaient accepté avec empressement, d'assister au Saint Sacrifice de la Messe, célébré à leur intention, tandis que les bonnes mères du Carmel uniraient aussi leurs prières.

✳

Les jours qui précédèrent furent employés aux préparatifs du départ.

Lorsqu'elle révéla son grand secret à son cher père, il y eut tout d'abord un grand étonnement.

11

Confiante dans la foi de celui qu'elle aimait si
tendrement, elle lui montra combien, depuis
longtemps, elle avait mûrement réfléchi, consulté, et qu'enfin le Bon Dieu lui manifestait
clairement, que telle était bien sa divine volonté. Ces réflexions faites avec calme, et les éclair-
cissements demandés portèrent la conviction
dans le cœur paternel.

« Si tu avais voulu te marier, lui dit-il, j'aurais
pu te faire des remarques ; mais, puisque, après
avoir longuement et bien réfléchi, tu vois ton
bonheur dans la vie religieuse, tu veux te faire
religieuse, je n'ai rien à dire. »

En rapportant ces paroles, Madeleine ajoutait :
« Vous ne connaissez pas mon père ; le voilà
bien tel que je vous l'avais dépeint. »

Restait le grand-père, pour qui, depuis surtout
qu'elle s'était offerte à Dieu, afin d'obtenir le
salut de son âme, elle avait la plus tendre affection. Elle l'avait si souvent soigné dans ses
maladies, et lui l'entourait d'une si paternelle
tendresse !

Son âme, malheureusement, était moins
accessible aux pensées de la foi. Comment allait-

il recevoir et supporter le coup qui devait le frapper en plein cœur?

Un rhume dégénéré en bronchite rendait la situation plus délicate encore. Toutefois, le médecin, consulté, et averti du projet dont l'exécution se préparait, répondit qu'il n'y avait pas lieu de s'inquiéter. Il fut convenu avec lui, qu'il reviendrait précisément, lorsque la lettre bénie par Notre-Seigneur lui aurait été remise.

Madeleine écrit après cette consultation : « Gloire à Dieu, dont la miséricorde m'a fait monter la route du Calvaire, sans me demander, j'espère, l'immolation de mon espoir. Nous avons vu, ce matin, le Docteur, nous l'avons interrogé.... Grand-père a pris un mauvais rhume, mais le cas n'est pas grave, et il ne craint pas l'émotion de dimanche. Avec cela, que faire, sinon marcher bravement ? A Dieu, pour lui !

« J'ai résolu de prier d'abord, oh! bien, bien, je voudrais le faire comme une petite sainte, puis, de donner et de lire moi-même, dimanche matin, à 6 heures 1/2, ma lettre au bon papa, en la commentant par l'inspiration du Saint-Esprit et de saint Joseph. Et, quand tout sera fait, je vous arriverai, au Carmel, à 9 heures. Tout sera accompli. *Magnificat!* »

Elle aurait voulu voir, à cette fête intime, son amie, « l'ange de son salut », mise déjà au courant de tout, et dont elle avait reçu une réponse pleine de pieux et affectueux sentiments. Malheureusement Marie ne pouvait quitter sa famille, en ce moment.

« J'ai reçu de Marie la plus charmante lettre, en réponse à la nouvelle annoncée. C'est digne de votre fille spirituelle, et de beaucoup meilleur que l'autre ne devrait mériter.... Elle ne peut venir, le 27 ; mais, elle quittera tout, pour m'arriver le 29, et là, nous nous dirons adieu !... Que de bonnes choses, tout de même, je laisse !.... Mais c'est pour Dieu ! »

« Ma mère préfère ne point inviter d'autres amies, à part mon cher *Raphaël,* dont l'invitation, faite par vous, devance un de mes grands désirs...

« Le courage de mère demeure bien grand ; je suis sûre que les Anges l'admirent...

« Pour moi, je suis une *dégoûtée,* qui se sent partout mal à l'aise, qui ne trouve plus ses bois

si beaux... qui porte un visage souriant à tout
et à tous, quand le mot d'adieu monte conti-
nuellement à son cœur.... Il est plus loin.... où
vous l'avez logé ; il n'y a plus de lui, ici, que la
partie qui sait souffrir. »

Lorsque tout eut été prévu pour le lendemain,
Madeleine se jette au pied de son crucifix, et,
soutenue par N.-D. du Bon-Conseil, dont elle a
célébré la fête, en ce jour, 26 Avril, elle fait son
testament spirituel.

« Mon Dieu, je voudrais à cette heure bénie,
je voudrais confier à votre cœur, que je connais
si bon, les pauvres parents que j'abandonne, en
les aimant bien moins que vous, mais plus que
tout le reste.

« Mon Dieu, je vous donne ma mère. Elle est
croyante, elle est courageuse, elle est meilleure
encore.... Je l'aime ! oh ! oui, je l'aime, et, pour
vous, cependant, je consens à la quitter bientôt.
Souvenez-vous, Seigneur, que c'est à vous seul
que je lègue ma plus chère affection. Regardez
avec compassion les larmes qui tombent de son

cœur... Consolez sa peine, soutenez ses forces, soignez ses blessures, remplissez la solitude de ses jours, soyez-lui *tout,* puisque pour vous, elle a donné le *tout* de sa vie, vous immolant tout son bonheur.

« Mon Bien-Aimé, je veux que, là où je suis dans votre cœur sacré, ma mère y soit aussi avec moi.... que Marie lui tende les bras, pour la recevoir avec son enfant.... que la joie dont vous comblez mon âme soit en elle, afin qu'elle goûte ce bonheur préparé par son amour de chrétienne et de mère !

« Et les pauvres pécheurs, dont mon sacrifice — qui peut appeler sacrifice la source d'un tel bonheur ? — réclame le salut, je vous les abandonne aussi, Bonté que rien ne décourage, qu'aucune prière ne trouve insensible ; Bonté qui avez commencé par tirer l'enfant du sépulcre, afin qu'elle-même pleure ensuite sur les siens. Ils sont aveugles, éclairez-les ; ils sont sourds, parlez bien haut ; ils sont malades, paralysés, rendez à leur âme sa force ; ils vont souffrir, bénissez-les ; ils vont pleurer, acceptez le calice où la nature et l'amour paternel feront

tomber de grosses larmes, bien amères peut-
être... larmes dont longtemps j'ai eu peur !

« Mon Dieu ! oui, je les aime ; mais, plus
encore que leur présence, je chéris en eux l'âme
morte à la grâce... Plus que leur tendresse, j'estime ce bonheur vrai dont ils ne veulent pas, et
que moi, leur Madeleine, je vais leur préparer...
Mon espoir est trop fort pour que je m'arrête en
chemin. Oui ! j'arriverai, je vaincrai, je triom-
pherai de leur indifférence, de leur apathie, de
leurs habitudes funestes. Je porterai bien haut
l'amour que j'ai pour eux, je regarderai le ciel,
le lieu du rendez-vous, *je les attendrai, là,* les
bras ouverts, l'âme réjouie.... Ils monteront, ils
seront portés, je les recevrai... et alors, je vous
offre, ô Jésus de mon cœur, leurs actions de
grâces éternelles et leurs nombreuses bénédictions.

« Et mes amies, tous ces cœurs enchaînés au
mien, dont l'affection se montre à cette heure si
noblement, tous ces *autres moi* que je laisse....
après moi, je vous les donne, bon Maître, afin
que vous les combliez d'autant de grâces que
ma pauvre affection leur pouvait donner de bon-

heur. Puisque vous me prenez à eux, rendez-leur de *vous*, qui êtes tout mon unique bien.

« Je vous laisse La Bonde, ce cher foyer dont longtemps j'aimais à me dire l'inséparable habitante. J'abandonne à ma reconnaissance tant de souvenirs et d'endroits aimés. Je vous prie de bénir ces murs, qui ne me renfermeront plus jamais, ces allées que mon absence fera désertes, ces bons visages que j'y viendrai chercher encore, les serviteurs qui m'ont connue, servie, aimée... oui, aimée, mon Jésus, car, depuis que je vous connais, eux-mêmes le disent : « Je suis tombée aimable... » Ne perdez, Seigneur, aucun de ceux qui me regardent partir avec la tristesse dans le cœur ; conservez-les dans votre amour ; faites qu'ils demeurent unis dans cet amour qui sera ma vie, pour qu'ainsi mon âme ne les quitte jamais...

« Je n'ai plus qu'à me laisser porter par les flots bénis d'une maternelle Providence ; je n'ai plus qu'à regarder le port, en entonnant le *Magnificat!*

« Vous êtes bon, mon Dieu, infiniment bon ! »

Au matin de la fête de son Patronage, le glorieux saint Joseph bénit celle qui l'invoquait avec confiance, et lui demandait de porter au divin Cœur de Jésus sa fervente prière. Avec cette bénédiction de son puissant Protecteur, Madeleine se sentit fortifiée, et, prenant en main sa lettre, elle frappe à la porte de la chambre de son grand-père. Il était 6 heures 1/2. Celui-ci dormait encore ; elle le réveille doucement, lui souhaitant le bonjour, puis elle lui remet sa lettre, en lui disant de la lire, quand il serait bien éveillé.

« Ah ! mon Dieu ! » s'écrie le grand-père, comme ému par un douloureux pressentiment.

Madeleine sortit immédiatement ; son cœur l'aurait trahie. Elle se réfugia au pied de son crucifix, qu'elle arrosa de ses larmes. Un instant après, elle était près de sa mère, pour prendre avec elle le chemin du Mans.

Voici la lettre que le cher grand-père avait entre les mains :

« Mon très aimé Grand-Père,

« Le cœur de ta petite-fille, où ta place est si

grande, vient s'ouvrir à toi, ce matin, pour te raconter tristesse et bonheur.

« Je commence par ce qui réjouit.

« Que de fois, je l'espère, ta pensée inquiète s'est portée vers l'avenir, pour y chercher le bonheur de ton enfant ? Que de beaux rêves ton ambition deux fois paternelle n'a-t-elle pas travaillés, sans doute, pour lui faire la route belle, et l'éloigner de tout malheur ?

« Eh bien ! chéri grand-père, vois combien Dieu est bon ! Ce que tu n'as pas pu me donner, Il me l'offre, et prépare pour ta Madeleine l'avenir le plus riche, le plus beau, le plus heureux, que tu puisses désirer. Je te dirai bientôt comment, écoute seulement pourquoi mon cœur est triste.

« Sais-tu, bon papa, toute l'affection que j'ai pour toi, au fond du cœur ? As-tu compris pourquoi de gros soupirs sortaient de ce cœur, où, sans le vouloir, sans le savoir peut-être, tu faisais souvent des blessures ? As-tu vu mes yeux rouler de grosses larmes, quand parfois, le dimanche, trompée dans mon attente, *ma prière repoussée,* je me disais : Mais, il ne m'aime donc

pas comme je l'espérais, puisqu'il ne veut pas
me rendre heureuse? Alors, j'écoutais d'anciennes voix : elles revenaient de loin, me rappelant
le Beau Jour, où, dans ma naïve confiance, j'espérais, en recevant Jésus pour la première fois,
donner le bonheur à ma mère, servir de trait
d'union entre mon Dieu et toi. Je t'en priai, tu
t'en souviens ; tu restas muet... et je crois encore
sentir couler les larmes qui troublèrent ma fête
en ce jour.

« Dieu soit béni ! Elles commençaient son
œuvre ; elles préparaient mon bonheur et le
tien.

« Oui, mon bon père chéri, agenouillée, pleine
de tristesse, aux heures de ta maladie, j'ai dit
plus tard à Dieu, dans l'élan de mon affection
pour toi : « Sauvez-le et faites-moi mourir, si
vous voulez un sacrifice. »

« Et Dieu entendit ma prière... Peu à peu, la
mort s'est faite (comme je n'avais point compris l'œuvre), dans toutes mes espérances passées.... Aujourd'hui, c'est fini ! Je te quitte, pour
mieux te trouver : au ciel *qui existe,* et dans
lequel j'espère : près de Dieu *que j'aime,* et qui

me donnera un immense bonheur, en paiement de mes sacrifices de *religieuse*.

« Ne pleure pas l'enfant qui s'en va ; elle est si heureuse de te dire : « C'est pour Dieu et pour toi ! » Bientôt, dans quelques jours, tu ne la verras plus. Ton bouquet de muguet blanc sera la fleur du départ ; je m'en vais jeudi ; mais je t'aime !

« Adieu, grand-père, adieu !

« Loin de toi, loin de vous, je vivrai pour Dieu, pour les pauvres et pour votre salut !

« Quel rêve ! pouvais-je donc en faire un plus beau ?

« Ton affectionnée et respectueuse fille,

MADELEINE. »

Dieu fut le seul témoin de ce qui se passa dans le cœur du bien-aimé grand-père, lorsque ses yeux purent lire cette admirable et touchante lettre de sa petite-fille.

Pendant ce temps-là, Madeleine et sa mère étaient prosternées au pied de l'autel de Saint-Joseph, dans la chapelle du Carmel. Elles y offraient leur sacrifice, en union de celui du

Sauveur. Nulle offrande, nulle prière ne peut égaler celle-là, aucune ne peut être plus efficace. De la croix et du Cœur de Jésus la grâce de l'immolation descendit abondante, dans leur âme, et s'y transforma en une sainte joie. Dieu le fit, pour montrer que c'était bien Lui qui demandait et recevait leur offrande. Douce assurance que le cœur nourrit avec soin, et dont le souvenir accompagne, dans la vie, en soutenant les forces, au milieu des épreuves de la terre.

Lorsque, après l'action de grâces qui s'était prolongée dans de ferventes prières pour les chers absents, il fallut quitter le pieux sanctuaire, Mme Tronel et sa fille parurent à tous comme transfigurées, tellement une sainte allégresse se reflétait sur leur visage. Qui eut dit que dans trois jours, la grande séparation devait avoir lieu?

« Dieu seul peut accomplir de tels prodiges! » Ce fut la parole du R. P. de Saint-Maixent, à qui Madeleine désira présenter sa mère, après la cérémonie.

Saint Joseph mettait ainsi le sceau à son œuvre, et il le faisait en Père, voulant montrer, selon l'expression de sainte Thérèse, qu'on ne l'invoque jamais, sans éprouver les effets de son bienveillant et puissant patronage.

Fortifiées par tant de grâces, celles que le Carmel avait vues si heureuses reprirent le chemin de La Bonde, dans le recueillement et la prière. Malgré leur confiance, elles prévoyaient qu'elles auraient à consoler de grandes douleurs.

Le coup, en effet, avait été rude, « le chéri grand-père » n'avait compris, dans la lettre qu'il avait lue et relue, que ce qui ouvrait son cœur à la douleur. Il ne voyait que le départ, pour toujours, de sa chère petite-fille, et il pleurait, se désolait, voulait mourir...

« Il ne veut pas de mon bonheur, écrivait Madeleine, le soir même de ce jour, à son amie. Priez, priez ; la grâce divine peut éclairer son cœur..... Le calme se fera, car je crois en Dieu et j'espère..... J'aime la croix dont il me charge, je le bénis d'avoir à souffrir.

« J'étais trop heureuse, ce matin, au Carmel :

il ne faut pas aller au Jésus du Calvaire, avec une couronne de fleurs... Mais, quel courage Dieu donne ! *Je comprends la force qui fait les martyrs !* »

Elle demande à son amie de lui chercher un crucifix, de 10 centimètres, mais pas en argent. « Ce sera mon trésor ! Que sa figure parle bien et donne des forces... J'aimerai à vous devoir ce bon souvenir.

« Vive Jésus ! J'attends de Lui qu'Il rende aux miens plus de bonheur que je ne leur en retire. Oh ! priez bien !

Votre très fidèle,

MADELEINE. »

Le 28 Avril, elle écrit dans son journal :

« Au lendemain du grand jour.

« Mon grand coup est porté... qu'il est rude ! Mon Dieu, je vous bénis de ne m'avoir pas présenté ce calice, avant de m'en faire goûter l'amertume ; je vous bénis d'avoir caché à ma faiblesse tout ce qu'une telle épreuve aurait de crucifiant ! Il faut donc vous aimer bien fort, pour se donner le droit de les faire tous aussi malheureux? Mon pauvre grand-père, quelle tendresse! quel désespoir!... Sauvez cette âme, guérissez ce cœur, mon Seigneur, mon Jésus, mon Dieu?

« Ah! tout ce qu'il m'a dit, je l'ai reçu, je le renferme en mon cœur, et puis je l'offre pour premier hommage à mon unique Bien-Aimé. « C'est pour vous et c'est pour vous seul! Vous voyez bien que je vous aime! »

« Mon Dieu, entendez sa plainte et comptez ses larmes... Il vous appelle, sans vous connaître; il vous implore, sans vous aimer. Venez, répondez, faites pour lui ce que votre cœur désire, ce que votre bonté a promis... Faites tout cela et davantage..... Vous le pouvez, mon Dieu!

Fiat!

« Ne faites pas trop souffrir le cœur de ma chère maman.

« Du courage, mère chérie, de l'espoir! A qui perd tout, Dieu reste encore!

Dieu! »

Ces lignes sont les dernières du journal de Madeleine.

CHAPITRE TROISIÈME

VIE RELIGIEUSE

§ I. — Postulat.

« 1ᵉʳ Mai. Cellule de la B. Marguerite-Marie.

« C'est fait! Le sacrifice est consommé, la victime amenée à l'autel de Marie ; je suis rendue au port !

« Ce matin, j'ai dit à tous et à chacun mon adieu ; j'emporte encore, dans mon cœur, le dernier regard de ceux qui m'aiment.

« Et mon cher grand-père..... Avant de me laisser partir, il a voulu me donner lui-même le traditionnel bouquet de muguet! Je l'ai mis, en arrivant ici, aux pieds de la Sainte Vierge.

« Ma lettre le travaille ; mais qu'elle le fait souffrir ! »

Contre bien des prévisions, le départ de Madeleine avait donc eu lieu, sans doute au milieu des larmes, mais sans les orages qu'elle redoutait. La protection du ciel était visible : dès la veille, un mieux physique et moral s'était manifesté dans l'état du grand-père, et ce secours de la Providence avait rendu plus calme la douleur de tous les cœurs.

Comme elle en avait fait le projet, Mᵐᵉ Tronel voulut accompagner sa chère Madeleine, et ne se séparer d'elle qu'aux pieds de N.-D. de Chartres. Là, une mère pouvait, avec plus de force et de consolation, confier son enfant bien-aimée à Marie Immaculée.

Le soir même, sa fille lui écrivait : « Où es-tu maintenant, mère chérie ? Peut-être aux pieds de la Vierge Noire, à laquelle tu cèdes tes droits ? Je te suis, je m'agenouille près de toi.....

« Me voici dans le calme de la sainte maison, où je suis venue, le bouquet de grand-père à la main, offrir à la Sainte Vierge mon « Ecce venio ».

« J'ai trouvé des visages joyeux, encoura-

geants, des cœurs bons et pleins de compassion,
qui vous plaignent, vous admirent et vous
aiment.

« Mère ! Si ce n'était vous et cette tristesse
qui, tous ces jours, a brisé mon cœur, je dirais,
en contemplant le calme heureux des personnes
que je vois passer : « Oh! qu'il fait bon vivre
là ! » Mais, je sens en mon âme le vide de la
vôtre, je pense à votre douleur, je suis trop
près encore, pour n'être pas mouillée de vos
larmes et préoccupée de vous consoler ou de
pleurer moi-même avec vous.

« Jésus, mon bon Jésus, voudra calmer tout
cela. Il viendra au secours de la petite enfant
qui, pour prix de son sacrifice, réclame pour
vous tant de bénédictions. Il est si bon! »

Le Salut du Très Saint Sacrement vient inter-
rompre sa lettre, mais elle peut la reprendre
ensuite, pour envoyer la part de la bénédiction
qu'elle a réservée à chacun. Puis, son cœur
déborde d'affection pour tous ceux qu'elle a
quittés.

« Il faut s'aimer deux fois, lorsqu'on s'aime
au loin. C'est bien facile, quand, partout, la

distance se remplit d'une pensée chère, d'un souvenir toujours vivant. Aussi, ne m'exilez pas de La Bonde, donnez-moi des nouvelles bien fréquentes et bien longues de tous et de tout...

« Baisers à tous, maîtres et serviteurs ; je voudrais tant sécher leurs larmes et les payer de leur chagrin.

« J'offre aux deux pères chéris ma reconnaissante affection, et, vous entourant tous les trois ensemble de mes deux bras, je vous jette mon cœur encore tout tremblant, tout ému, mais toujours fort, dans son sacrifice, de la volonté de Dieu. »

En promettant le centuple à ceux qui se donnent à Lui, Dieu récompense magnifiquement, en cette vie et en l'autre. Mais, à quelles peines il les prépare, quand il leur fait entendre l'appel de la vocation religieuse ! « Je ne suis pas encore passée par ce chemin », avait dit un jour Madeleine, pressentant les combats qui s'y doivent livrer. Et cependant, c'est avec une sainte allégresse que, dans tous les temps, les âmes de bonne volonté ont accompli ce sacrifice.

C'est que Dieu ne se laisse jamais vaincre en générosité ; il apporte, au moment, la grâce de l'accomplir, grâce surabondante, qui n'empêche pas la souffrance, mais donne au cœur d'aimer la main divine qui la fait rencontrer sur le chemin de l'immolation. La demande d'un sacrifice est, de la part de Dieu, l'offre d'une grâce proportionnée à son accomplissement.

Cette grâce n'est pas accordée seulement à l'élu de Dieu, elle l'est aussi à ceux qui participent à son sacrifice. C'est le gage de ces bénédictions réservées, par la faveur céleste, à une famille dont un des membres est appelé à entrer dans l'intimité du divin Sauveur, en se consacrant à son service.

Combien la foi nous offre, ici, de consolants et magnifiques horizons ! Elle nous montre une âme, devenue l'Epouse de Jésus-Christ, attirant, sur elle et sur les siens, les manifestations de la bonté du meilleur des pères, du plus puissant des rois.

Consolez-vous donc, vous qui pleurez l'enfant qui n'est plus près de vous ; ce n'est pas à une créature qu'elle s'est donnée, pour l'aimer plus que vous, c'est à Dieu, dont l'amour ne partage pas le cœur, mais le remplit d'une meilleure et plus généreuse affection. Vous en connaîtrez quelques effets, ici-bas ; le ciel vous en révélera d'innombrables.

Nous ne nous étonnerons pas de la paix, de la joie même avec laquelle Madeleine, arrivée au port, exprime son bonheur. Sa pieuse mère le comprendra et s'y associera peu à peu ; autour d'elle, le calme se fera aussi, et bientôt, après quelques alternatives de paix et de souffrance, la grâce prendra le dessus dans tous les cœurs.

C'est de Blanche-Lande que viendra le *Magnificat* si longtemps attendu et si joyeusement entonné, à l'arrivée au port.

« Magnificat ! Magnificat !

« Je suis au port, bien au port ; ma barque est attachée cette fois !... Je suis au lieu de mon repos, ici, *chez le Seigneur...* et pour toujours ! Est-ce que je rêve ? »

« Ma bonne petite Mère,

« Permets à ma reconnaissance de chanter mon bonheur près de toi, à mon affection de t'en offrir un légitime hommage, bien dû à ta piété, à ton amour.

« J'arrive à peine... Je n'ai rien vu ; mais *je suis là*... J'ai trouvé Jésus à m'attendre, un cœur de mère pour me recevoir. D'ailleurs, à Paris, à Montmartre, à Blanche-Lande, partout, c'est la famille, partout, c'est le même cœur *un* avec Jésus. Si tu 'avais vu avec quel regard maternel notre Révérende Mère générale laissait partir, hier, ses deux plus jeunes filles ; si tu avais senti, comme moi, la tendresse de cet adieu, si tu avais vu nos autres bonnes mères nous accompagner d'un sourire plein d'espoir, et notre mère conductrice nous gâter en chemin ; si tu pouvais lire sur tant de visages heureux le souhait de bienvenue qui vient d'accueillir ton enfant... si tu goûtais cet air pur, ce calme béni, ce parfum de piété... Oh! mère chérie, quel bonheur pour toi... »

Elle rappelle ensuite les douloureuses journées des préparatifs, et l'adieu.

Mais Jésus a triomphé !

« Du bon Jésus tu n'es pas jalouse, et ton cœur de mère ne m'en voudra jamais de me donner à Lui *sans partage*.

« Aujourd'hui, je reste en petite quarantaine, demain, on me présentera à mes bonnes petites sœurs, j'entre dans leur troupe fervente... Me voilà passée Benjamine et on me gâte... Ils sont si tendres les cœurs donnés à Dieu !

« Demain, 7 mai, un mercredi ! Vive saint Joseph ! Qu'il reste mon Père ! On est si bien entre ses bras !

« Je t'en prie, bonne mère, dis bien haut à tous ceux qui me plaignent, à ceux qui s'intéressent à moi, qui m'aiment, que j'ai trouvé le rêve de ma vie !...

« Quand te quitterais-je, si j'écoutais mon cœur ? Ah ! je t'enverrais chercher bien vite, bien vite, pour rester à Dieu près de toi !

« Courage, chère mère, la croix qui nous sépare doit un jour mieux nous réunir.

« Reçois, je t'en prie, l'expression de ma reconnaissante tendresse.

« Ta Madeleine et celle de Jésus. »

Dès son arrivée, Madeleine comprit ce que demandait d'elle la perfection.

« Ah ! petite mère, écrit-elle, le jour de son entrée au Postulat, quand on donne à Dieu une petite routine de vie pieuse, au milieu des indifférents, dont le monde est tout plein, on se croit un certain mérite, et, pour un peu, l'amour-propre poserait déjà sur son front la couronne de gloire. Mais, lorsqu'on entre dans ces maisons où Dieu est tout, où tous les soupirs sont des aspirations célestes, tous les regards, des actes d'amour, tous les pas, des élans vers le Ciel ; quand on contemple ces visages rayonnants d'une paix divine, ces expressions vivantes du Jésus qui est l'âme de toutes les âmes, vois-tu, mère, on fait comme ta fille, ce matin, qui, le front abaissé, les mains jointes, les yeux mouillés de larmes, répétait cette prière unique, dans son cœur humilié : « Mon Dieu, je suis une misérable, une grande misérable, ayez pitié de moi ! »

« Comme je voudrais pouvoir recommencer mon sacrifice ! que j'y mettrais, avec l'aide du Seigneur, plus de générosité et d'amour ! »

Puis, elle se présente à sa mère, avec son nouveau costume : « Si tu venais, ce soir, à Blanche-Lande, tu verrais un petit bonnet noir, posé sur deux graves bandeaux, accompagné d'une pèlerine qui complète le costume, s'avancer vers toi, au nom de la Postulante nouvelle. Dieu m'accorde la grâce de lui plaire sous ces premières livrées, déjà petite séparation du siècle ; qu'il daigne, dans son infinie bonté, me faire bien généreusement accomplir tous les sacrifices. »

Le même jour, elle écrit à son père :

« Mon très bon petit Père,

« Profitant des dernières heures de liberté, avant d'entrer au Postulat, je viens un peu m'asseoir près de toi, et parler de Blanche-Lande avec toi.

« C'est un vieux castel, habité jadis par des moines, seigneurs de l'endroit, et, depuis dix ans, abri de jeunes cœurs tout enflammés d'amour pour le Bon Dieu. Ne crains pas que ta fille n'y soit pas très heureuse... Elle y a trouvé un cœur de mère et 28 petites sœurs

disposées à l'aimer... Toutes ont prié pour vous,
sans vous connaître, sachant bien, pour y avoir
passé, combien douloureuses sont les séparations qui ouvrent la maison du Seigneur.
Ainsi, La Bonde tout entière était portée, ici,
avant même que j'arrive ; ainsi nous ne sortons
de chez vous que pour vous faire entrer ici,
par un fidèle et tendre souvenir...

« J'y ai trouvé une ancienne compagne, qui
m'a reçue et introduite, lundi soir, à neuf heures
et demie. Je ne suis ni perdue, ni égarée, dans
cette chère solitude, où toutes se plaisent tant,
et je crois avoir même trouvé chemin direct
pour le bonheur, en prenant la route du ciel... »

A son cher grand-père, elle viendra, quelques
jours après, apporter la consolation dont son
cœur a besoin, sans oublier le grand but qu'elle
poursuit.

« Pauvre bon papa, que le petit Jésus fait
triste et malheureux... auquel il demande le
plus fort témoignage de son dévouement pour
moi !... Pauvre bon papa, pleure encore s'il
le faut, entre les bras de ta petite-fille, elle ne
les a point fermés en se retirant ; ils sont là

bien ouverts et bien forts, disposés à te porter
s'il le faut... jusqu'en paradis !

« C'est là que nous serons l'un près de l'autre
toujours, là que tu comprendras tout, là que
nous serons tous heureux ! »

De ces lettres si filialement affectueuses, elle
aurait pu dire comme de la première :

« Elles le font souffrir, mais comme elles le
travaillent ! »

Ce travail, il ne l'avouait pas, mais il se
faisait, et, chaque jour, devenait plus intime.

Pour Madeleine l'œuvre de la perfection
avance aussi. Postulante de huit jours, elle
a déjà des victoires à confier à son ancien
Directeur.

« Que je suis heureuse, écrit-elle, de venir
fêter, près de vous, cette grande fête de l'Ascension, ma première fête, à Blanche-Lande !
C'est une recommandation de Mère Maîtresse,
que je n'ai pas oubliée, retrouvant toute mon
ancienne joie à vous ouvrir très largement mon
cœur.

« Je vous annoncerai, tout d'abord, une grande nouvelle : J'ai fermé, lundi, la porte de *chez moi;* je n'en ai plus, et je deviens enfant, aussi petite enfant que possible, pour bien me former un vrai cœur d'apôtre. C'est dimanche qu'on a déclaré la guerre au *moi* trop vivant et trop maître... Alors, le lendemain, seule avec Mère Maîtresse dans sa cellule, j'ai tiré le verrou sur tout ce qui s'appelait Madeleine, j'ai dégagé ce pauvre cœur tout fermé à la charité par l'amour dévorant de soi, je lui ai promis tous les soins du Bon Dieu, j'ai résolu de disparaître, de n'être plus rien, pour que Jésus soit tout, de ne plus vouloir, afin de mieux aimer.

« Et, aujourd'hui, suppliant le bon Maître de ne pas laisser seule son enfant de *huit jours,* je me suis confiée de tout cœur à la vierge Mère ; j'ai appris d'elle que pour monter il fallait descendre, et me voilà en route ! Priez pour moi et aidez-moi. »

A la même époque, elle trouve, dans un billet de l'apostolat, ce mot du curé d'Ars :

« Les saints n'ont pas tous bien commencé; mais ils ont tous bien fini. »

« Oh ! c'est bien pour moi, écrit-elle, qu'il
a dit cela. Il est vrai que j'ai fait, au début, de
bien triste besogne ; mais ce n'est pas fini...
reste l'espoir de devenir, jour par jour, marche
par marche, lutte à lutte, une... sainte ! Il faut
avoir une confiance solide pour se lancer à ce
but, en partant de si loin ! »

A la pensée de sa mère si résignée et si ferme
dans son sacrifice, elle ajoute :

« Ah ! la bonne mère ! Si je ne devenais pas
un jour très bonne, serais-je digne d'elle et de
ses sacrifices ? Vous vous souvenez de ma
devise ancienne : « rien à moitié! »

Le bon P. Foucault avait tant béni, tant
encouragé cette disposition !... Mais, qu'ai-je
fait, avant d'arriver là ?...Eh bien ! tant mieux !
N'ayant rien fait encore, il faut me jeter à bien
faire, bien commencer, pour mieux continuer
et très bien finir. »

Elle donne immédiatement une preuve du
changement qui s'opère déjà, en indiquant à
sa mère les nouvelles qu'elle aime surtout à
recevoir.

« J'ai trois lettres de toi sous les yeux...

Me permets-tu simplement de te dire laquelle me semble la meilleure ? Oh ! la dernière, où notre cher bon Jésus occupe presque toute la place, où tu viens me rappeler le si beau jour de ma première communion. C'est qu'à présent, vois-tu, je vis plus haut que terre et toutes les petites nouvelles, les derniers bruits du monde qui s'éloigne heureusement de moi, n'apportent à mon oreille qu'insuffisance... Je demande que tu me parles beaucoup de toi, m'en disant tout le bien possible, souvent aussi de mes pères chéris, de ce qui vous console, toi surtout, de La Bonde, des intérêts divins à Changé ; mais laisse-moi ensevelir doucement le reste, dans le souvenir quotidien que je porte à l'autel ; laisse-moi me détacher, me dépouiller.

Ah ! je tiens tant encore ! Moi qui croyais mon âme presque arrivée aux cieux !!... pauvre âme !

« Un mot touchant le *Novum Testamentum*. Voilà qui va bien te surprendre, mère chérie, mais qui ne t'affligera pas, j'en suis sûre... Eh bien ! Madeleine étant passée « la pauvre du Seigneur », n'a plus droit de rien recevoir pour elle. Si donc tu veux bien donner mon petit livre à un libraire, achète avec ce cher volume une messe pour les âmes du Purgatoire.

« Quelle mortification méritoire, ma si chère petite mère, de ne plus pouvoir gâter ton enfant ! de ne lui offrir plus jamais aucune de ces attentions délicates, dont tu fus si prodigue pour moi. Oh ! ma bonne mère, je connais tes désirs, je devine tes regrets, mais je sais bien ta foi, et je te conjure de changer les objets en demi-expédition, pour toute la vertu d'un parfait sacrifice. Aimons-nous en haut !...

« Tu seras bien bonne d'offrir, tout à fait de ma part, mon portrait à grand-père, mais je crois inutile de le recevoir ici... Ici, on ne veut plus connaître la Madeleine du monde, ici, mère, que de choses dans cette unique phrase : « J'ai tout quitté ! »

Dans sa lettre suivante, elle revient sur ce qu'elle avait dit de sa photographie.

« J'enverrai, puisque tu le désires, ma pauvre figure à grand-père, mais en lui disant bien qu'à Blanche-Lande, on est plus éveillée, plus vivante...

« J'ai beaucoup changé, n'est-ce pas ? Eh bien ! il faut que je change plus encore... Le pas du bien au parfait est encore plus difficile et plus grand... Et pourtant vouloir être parfaite, c'est seulement atteindre à ma chère vocation, répondre à cette parole dont Jésus s'est servi pour m'attirer à Lui : « Si vous voulez être parfaits, quittez tout, suivez-moi. »

Comme l'envoi de la photographie coïncide avec le 73ᵉ anniversaire du grand-père, elle lui écrit : « On n'oublie rien au postulat, même pas que c'est jeudi, 19 Juin, l'anniversaire du bon papa, qu'on l'embrassait deux fois plus tendrement, ce jour-là, et qu'il faut lui revenir encore, pour lui offrir des souhaits très affectueux à ses soixante-treize ans.

« Eh bien ! C'est moi, c'est tout à fait moi, mon grand-père. Je t'arrive — image et cœur — disposée à te faire plaisir. Ouvre vite à ta chère enfant, regarde-la bien : c'est Madeleine, et Madeleine qui voudrait *te plaire*.

« Comment me trouves-tu ? Dis-moi cela ? Un peu triste, n'est-ce pas ? C'est le reproche que je m'adresse. Franchement, sous mon petit bonnet, j'ai l'air autrement joyeuse, et ne pense pas que je suis malheureuse ici.

« Non, puisque tu m'aimes si fort, grand papa, laisse-moi t'assurer que rien sur la terre ne pouvait me donner un bonheur aussi pur, aussi parfait... »

Elle reviendra souvent, dans ses lettres, sur le bonheur qu'elle goûte, parce qu'elle sait bien que, pour des cœurs vraiment paternels et maternels, c'est ce qui peut le mieux les consoler.

S'il y a, dans le cœur humain, un amour égoïste qui parle souvent le premier, au moment d'une séparation, il y en a un autre plein de générosité, par lequel les parents savent se sacrifier pour leurs enfants.

Madeleine connaissait assez ceux qu'elle avait quittés, pour savoir qu'elle n'était pas seulement aimée *pour eux*, mais bien davantage *pour elle-même*. La savoir heureuse devait donc calmer peu à peu leur douleur.

Elle voudrait, pour qu'ils en jugent mieux, leur faire connaître les Auxiliatrices.

« Vous êtes si loin, dit-elle à sa mère, comme je l'étais moi-même, de savoir les

douceurs, les beautés de cette vie religieuse !
Qu'on dise encore : « Le cœur est mort, dans
les communautés » ! Moi, j'ai déjà jeté, partout
où j'ai passé, un vrai cri de surprise et d'enthousiasme, en ne rencontrant qu'un esprit
de famille et d'union nécessairement inconnu
ailleurs, dans le monde ; et, si on me demandait,
ce matin, ce que font les Auxiliatrices ? — Je
répondrais seulement : « Elles aiment ! » Voilà
leur esprit, leur règle et leur vie, et cet amour
vient tout droit de Jésus, pour retourner aux
âmes, par Lui. Que c'est beau ! »

Dans une lettre, son ancien Directeur avait
cru bon de la mettre en garde contre certains
excès d'ardeur, auxquels, au commencement surtout, elle pouvait se porter.

Elle répond avec simplicité : « L'enfant de
Blanche-Lande va *doucement* au bien, aidée
de vos prières, des trésors de grâces que contient
la maison du Seigneur, et aussi de vos chères
recommandations. C'est à petit feu que je me
façonne ; n'ayez pas de crainte que je monte

trop fort et trop haut. Jusqu'ici, depuis le commencement de mon postulat, je n'ai encore fait que descendre, me laisser dépouiller pièce à pièce, apprendre jour par jour que je suis plus petite, plus faible et plus laide, en un mot, me connaître et rester dans un coin bien *aplatie,* mais non découragée... Je me suis jetée plus que jamais, hier, 21 Juin, anniversaire de ma réception d'Enfant de Marie, entre les bras de la très sainte Vierge, pour qu'elle me rende bien sage, bien docile et peu à peu moins indigne de son divin Fils...

« Pendant l'octave de la Pentecôte, j'ai fait au Saint-Esprit une neuvaine d'action de grâces, pour les grandes grâces de ma vie si protégée d'en-haut et le 7 Juin 1887 a eu son cri de reconnaissance bien sincère. J'en ai fêté l'anniversaire, dans mon cœur, en me souvenant de l'air satisfait de ma petite Marie et de son retentissant : « Mon Père, je vous l'amène! »

« Je suis bien heureuse : notre saint Joseph de la chapelle a, depuis le 19 Juin, mes vœux dans son cœur. Il y en a pour tous les miens ! »

Pour les siens, en effet, son affection, au lieu

de diminuer, ne fait que devenir plus parfaite ; la prière, aux pieds de Notre-Seigneur, remplace les témoignages qu'elle se plaisait à leur donner, lorsqu'elle était près d'eux.

Dans une lettre à sa mère, datée du 27 Juin, elle lui fait connaître une de ses pieuses industries, pour apporter un peu de cette vie surnaturelle que la grâce de la Communion eucharistique entretenait dans son cœur.

« Veux-tu permettre que je te confie une de mes petites ruses, pour faire arriver le Bon Dieu au cœur de nos chers égarés ? Eh bien ! le matin, quand j'arrivais du bourg, portant presque encore Jésus dans ma poitrine, j'allais les embrasser longuement, tendrement, joyeusement, faisant bien en sorte que nos cœurs se touchent. C'était leur donner un peu de vie : peut-être goutte à goutte, l'eau, en tombant, creusera une source. D'ailleurs, c'est toujours bon de réchauffer qui a froid. »

N'était-ce pas une pensée de foi charmante qui inspirait ainsi ce cœur filial ! Elle entretenait ainsi, plus encore qu'elle ne le croyait, le feu qui restait sous cette cendre si froide en apparence. Ce feu se ranimera, et les prières de la mère et de la fille seront exaucées. Mais que de prières et de larmes seront encore répandues au pied du divin tabernacle, et quels sacrifices seront offerts à Dieu !

« Prions et espérons contre toute espérance, disait-elle : attendons l'heure du Bon Dieu. Nous avons donné tout ce que nous avions, maintenant, Il lui reste à donner ce qu'Il veut... Plonge-toi, ma bonne mère, dans le saint abandon, jour par jour, heure par heure, s'il le faut. »

« Le 19, pour les 73 ans, j'ai obtenu la permission de confier grand-père à saint Joseph, dans le grand cœur que notre Saint porte au cou; j'ai placé tous mes vœux pour vous et aussi pour moi... Mère Maîtresse m'a encore dit : « Espérez, il n'est encore jamais sorti de refus. — De tout mon cœur, oh! oui, j'espère bien..... Il nous faut un miracle; nous l'aurons, si nous avons assez de foi. »

Au mois de Juillet, la prise d'habit se montre

à Madeleine, dans une agréable perspective.

« Encore un mois, ma bonne petite mère, et la sainte Vierge Marie, prenant ton enfant par la main, la conduira aux pieds de son divin Fils, non plus en mondaine, mais habillée selon ses goûts, dans le cher costume des Auxiliatrices... Merci, pour toutes les prières que tu demandes, j'en ai grand besoin, ayant un vrai désir de faire une bonne novice, plus tard, une religieuse selon le cœur de Dieu. Ce n'est pas *très facile*, même avec Lui, mais, sans Lui, c'est bien impossible... Il faut de la confiance, de la confiance, de la confiance; avec cela qui soutient l'humilité naissante, on arrive toujours. »

Le 4 Août: « Laisse-moi t'exprimer toute ma filiale reconnaissance pour tes vœux, tes prières, tes souvenirs, tout ce qui est venu fêter Madeleine, pour la dernière fois. Mon nom *si cher*, je vais le perdre et le perdre avec tant de bonheur! Mais ma patronne continuera, je l'espère, sa charitable protection à la petite novice; toi, mère, tu ne laisseras pas de prier pour moi... Veuille bien remercier grand-père de ses fleurs, que j'ai portées aux pieds de la sainte Vierge, et embrasser mes deux pères, en les remerciant de te laisser venir. A toi de fixer la date et de l'écrire à Mère Maîtresse ; moi, je préfère t'attendre *sans savoir*.

Je ne te donne pas de plus longs détails sur ma prise d'habit, qui n'est aucunement une cérémonie, mais seulement un changement de livrées. »

§ II. — **Le Noviciat**.

La fête de l'Assomption avait été fixée pour cette heureuse entrée au Noviciat. Madeleine va nous dire comment saint Joseph voulait la récompenser de s'être placée si filialement sous son patronage.

« Blanche-Lande, 15 Août 1890.

Mon très Révérend Père,

« C'est une heureuse enfant, une toute jeune Auxiliatrice qui vient vous inviter à chanter pour elle, une fois encore, le chant d'action de grâces, après avoir reçu, ce matin, des mains de la très sainte Vierge Marie, l'habit qui désormais fera sa force et son bonheur.

« Il y a des jours si bons qu'on devine un peu ce que prépare le ciel, où ils nous conduisent, et Dieu veut bien faire goûter cette joie, lorsqu'on se donne entièrement à Lui. Mais, dans les dons, certaines délicatesses de la Providence accusent tant de bonté et de miséricorde, que l'âme aussi tendrement aimée voudrait être plus grande, pour donner à son tour beaucoup de reconnaissance.

« Mon Père, regardez-moi... Je ne m'appelle plus Madeleine, je suis vêtue de deuil, j'ai un bonnet noir qui devrait assombrir, et jamais, je le crois, je n'ai eu un air aussi heureux. Je suis certaine que je vous semblerais encore mieux *à ma place,* si vous pouviez me voir dans mon cher costume, petite enfant d'un jour, tout entière au Bon Dieu par Marie.

« Mais ce n'est qu'une part des gâteries du Bon Dieu, de la sainte Vierge et de la Société. Non contents de me recevoir et de m'ouvrir des bras si tendres, ils m'ont encore donné le plus beau des noms. Depuis ce matin, *Sœur Marie de Saint-Joseph* se demande comment elle pourra jamais assez aimer la sainte famille de

Nazareth, qui l'appelle à vivre sous sa protection, dans son intimité bienheureuse. Il va me falloir devenir à la fois *simple* et *parfaite,* sous un tel patronage. C'est désormais mon but et c'est aussi mon espérance, par la grâce de Dieu...

« Mère a pris la part la plus intime à ma fête, m'envoyant même un humble et charmant bouquet de fiancée. Comme elle était bien faite, elle aussi, pour avoir sa fille religieuse !

« Je crois inutile de vous assurer, mon très bon et très vénéré Père, que j'ai fait passer toutes vos intentions, sous les regards de mon Maître et Seigneur. Je suis à Lui, et béni soit aussi le jour qui me conduisit, encore brebis errante, trouver le pasteur bien compatissant auquel j'offre, en Jésus, mon bonheur et ma reconnaissance.

Sœur MARIE DE SAINT-JOSEPH
N. S. A. »

Le lendemain, elle dit à sa mère :

« Quelle bonne journée que celle d'hier ! Jusque dans les plus petits détails, on sent combien la Providence est maternelle. Je n'avais autour de moi que des cœurs de mère pour me gâter ; et comprenant bien que je n'ai pas perdu celle que j'ai quittée pour Dieu, j'en avais deux au ciel et deux sur la terre, pour me recevoir de ses mains.

« M'as-tu vu passer, vers les 9 heures, tremblante d'émotion, mon bouquet à la main, bénissant ton attention délicate et en faisant hommage à la Reine des Cieux ? Le lis au milieu des muguets était-il commandé par toi, en pensant au bouquet du 1ᵉʳ Mai, à ces humbles fleurettes, à peine nées, que grand-père pleurant me remit à l'adieu, que j'appuyai contre mon cœur, au moment de la Communion, que je déposai, rue de la Barouillère, aux pieds de la Vierge bénie, après le Magnificat de l'arrivée ? Crois-tu que c'est seulement aujourd'hui que je pense à ce touchant rapport ? Mère chérie, ton cœur est bien riche pour trouver tant de bonnes pensées. Merci, merci, pour tout ! Avec toi, c'est comme avec le Bon Dieu, comme avec mes Mères, je ne puis plus trouver d'expression pour bénir.

« Je suis bien pour toujours Sœur Marie de

Saint-Joseph. Oh! que c'est bon! Mère, dis et redis à Dieu qu'Il est trop bon, mille fois trop bon, mais que je veux beaucoup l'aimer. »

***

Madame Tronel ne se contenta pas de prendre part de loin au bonheur de sa chère fille : elle voulut faire, en septembre, le pieux pèlerinage de Blanche-Lande. Combien fut douce cette réunion, dans la maison du Seigneur ! Elles étaient si bien faites pour se comprendre !

« Dieu soit béni ! écrivait, à son retour, cette pieuse mère, j'ai trouvé ma chère fille en très bon état, tant pour l'âme que pour le corps. Au premier instant, le costume m'a semblé triste et sévère ; je m'y suis habituée et, le lendemain, son air joyeux et paisible me faisait oublier une première impression. J'ai pu me rendre compte facilement de son bonheur d'être toute à Dieu, par ses paroles, par son obéissance prompte et sans réserve, sa grande confiance en sa Supérieure qu'elle aime beaucoup. « Ah ! si le monde savait le bonheur que nous goûtons ici, me disait-elle, il serait loin de nous plaindre comme il le fait. Mais aussi, quelle différence dans l'amour de Dieu et du prochain ! Combien on apprend à le connaître, à s'oublier, et à voir Dieu dans les âmes! »

« Nous avons commencé ensemble une neuvaine de premiers vendredis du mois, qui doit se terminer le 1er vendredi de mai 1891, afin d'obtenir ce qui est l'objet de nos plus grands désirs. Elle veut que j'espère et que j'attende avec une grande confiance.

« Elle m'a recommandé la douceur, la bonté, pour arriver à faire du bien..... Ses entretiens m'ont valu un bon sermon...

« Mais, comme on sent qu'elle est heureuse, qu'elle a trouvé ce qu'elle cherchait, le bonheur de se dévouer pour Dieu, pour les âmes...

« Sœur Marie de Saint-Joseph est trouvée bien heureuse de porter ce nom. Il n'y a, en effet, que quatre mois qu'une des Mères fondatrices, qui le portait, est morte. Jamais un nom n'est redonné aussi vite ; mais saint Joseph, qui a été son puissant protecteur pour la conduire à Jésus, le lui réservait. »

Saint Joseph continuait donc à protéger son

enfant. Après les douceurs, il devait cependant lui présenter le calice d'amertume. Déjà de nombreux pressentiments de la souffrance avaient pénétré jusqu'au cœur de sœur Marie de Saint-Joseph, et ces pressentiments s'étaient changés en certitude, pendant la retraite du P. Foucault.

Le jour de l'Exaltation de la sainte Croix, elle écrit : « Je me souviens toujours avec profit de la belle méditation du Cénacle, faite par le R. P. Foucault, dans la toute petite chapelle. Ce fut pour moi comme une révélation. Je m'en allai de retraite avec ce seul mot : « Il faut souffrir » ! Mais ce mot bien compris, même seulement retenu, combien il dit de choses ! Voilà pourquoi, plus tard, je comprenais le petit Jésus que vous m'envoyiez, *avec une couronne d'épines :* pourquoi encore en ce jour, trop lâche pour désirer la croix, je la demande et je la veux. »

Le divin Jésus ne tarda pas à la lui présenter. Elle l'accepta et la porta courageusement jusqu'à la fin, en l'aimant.

Pour se mieux préparer à l'accomplissement

des desseins de Dieu sur elle, sa mère était char-
gée de la recommander à N.-D. du Chêne, en
lui offrant un ex-voto, comme témoignage de
son amour et de sa reconnaissance.

« A Notre-Dame du Chêne, ma grande bien-
faitrice, le filial hommage d'un cœur tout à Elle
pour son Jésus. »

Elle aura aussi l'occasion de retremper son
âme dans les exercices de la retraite.

« Nous y entrons le 15, écrit-elle à sa mère,
Dieu veuille me permettre de ne pas laisser
tomber inutile une seule miette de ce pain
qu'il va nous donner pour ranimer nos forces.
J'en suis affamée... Marie le sait, Marie est une
bonne Mère et je lui confie tout... qui s'abandonne à Elle ne fut jamais trompé. »

§ III. — **Maladie** (1).

A la fin d'octobre, une faiblesse générale se
manifesta dans l'état de la sœur Marie de Saint-

---

(1) Une relation manuscrite de la maladie et de la mort
de Sœur Marie de Saint-Joseph nous est, ici, d'un précieux
secours ; nous y ferons de nombreux emprunts.

Joseph ; une petite toux sèche qui ne cédait pas aux remèdes préoccupa bientôt.

Le médecin consulté assura que les poumons et le cœur étaient en bon état, mais que la constitution était délicate : « petite vie, disait-il, demi-vie. »

Il fallait donc insister sur les fortifiants, prendre de l'exercice, tout en vivant de la vie commune.

Ces soins qu'on lui donne lui font penser à ceux dont sa mère a besoin. Elle lui écrit le 27 novembre : « Nous sommes sous la neige, ma petite mère, ce qui me fait penser à toi, peut-être prisonnière ?... Surtout pas d'imprudence, je t'en supplie. Veille sur ta santé, comme si j'étais là. Oh ! je t'en prie, ne te laisse pas souffrir du froid qui t'est si contraire. *C'est le Bon Dieu qui le veut.*

« Ici, nous sommes couvertes, chauffées, soignées, par ordre de l'obéissance et surveillées avec un soin maternel, dont tu te doutes bien. Aussi, je veux que tu fasses la même chose, par amour pour le Bon Dieu, les tiens et ta fille ; et que tu veuilles bien bénir encore plus haut le Jésus qui gâte ton enfant avec tout son cœur. »

Elle laisse ensuite parler sa reconnaissance, à l'approche du mois de décembre « si fécond en souvenirs! »

« Qu'il m'est doux d'arriver à ce grand mois ! Il n'aura pas encore, je l'espère, été aussi bien célébré qu'il le sera, cette année, quand toutes les miséricordes et tous les desseins d'amour du Seigneur, sur ma pauvre âme, bien démontrés, je puis remonter par une échelle de bienfaits, à ce Noël de 1887, où le petit Jésus me dit : « Arrête!... c'est moi qu'il faut aimer. »

« Quels jours pour mon âme, quelles heures décisives pour mon éternité! Je les voudrais retrouver encore... Mais non, je suis plus près maintenant de ce Dieu si bon ; j'ai fait quelques pas pour le suivre, et pour rien au monde ne voudrais reculer. Du courage, en avant, à Dieu! »

La sœur Marie de Saint-Joseph ne veut pas entrer dans le saint temps de l'Avent, sans envoyer aussi à son bon père un petit mot du Bon Dieu.

« Que je voudrais bien, lui écrit-elle, te voir
venir constater combien ta fille a gardé de respect et d'affection, pour son bon petit père, dans
son cœur! Je suis certaine que nous nous rap-
procherions vite et que tu comprendrais, mieux
encore qu'au départ, que si je vous avais moins
aimés, je vous aurais moins fait souffrir.

« Notre cher nid de Blanche-Lande est maintenant entouré de neige. Je pense qu'à La Bonde l'hiver doit être dans sa première rigueur,
que les petits oiseaux n'ont plus leur nourriture
et que mon bon papa s'en va, chaque matin,
servir leur déjeuner, avec toute la charité de
son cœur?... Le mien est tout ouvert pour envoyer à mon père chéri des caresses qui lui mon-
treront qu'on aime bien fort, même lorsqu'on a
quitté, pour Dieu, ceux qu'on semblait ne pouvoir jamais quitter.

« Oui, je l'aime, mon bon père chéri, et je
veux ton bonheur ; tu le sauras un jour.

Ta fille bien respectueuse,

Sœur Marie de Saint-Joseph. »

Dieu allait commencer à faire comprendre à

celle qui aimait à s'appeler « la fiancée de Jésus »,
qu'il avait accepté son sacrifice, en faveur des
âmes qu'elle voulait sauver. Elle entra à l'infir-
merie.

Le 8 décembre, dans une réunion où elle
lut, en l'honneur de Marie Immaculée, un petit
travail dont le titre était : *Marie et l'Eucharistie,*
sa voix parut altérée et bien des cœurs se rem-
plirent d'inquiétude.

Dès le lendemain, on appela un médecin de
Valognes, très en renom dans le pays, pour les
maladies du larynx et de poitrine.

Sa consultation fut des plus sérieuses ; deux
fois il la rappela, pour l'examiner de nouveau.

« Je ne sais, dit-il, comment vous formuler
un avis , il doit y avoir un principe de mal d'une
nature grave, et ce principe, je ne le découvre
pas : rien à la poitrine, rien au cœur, pas même
d'anémie. »

La conclusion fut la même que celle de la
précédente consultation. Un règlement de demi-
malade fut tracé à la chère sœur, et, à sa grande
joie, elle put suivre les exercices du noviciat.

A Noël, après avoir pris du repos, dans la

journée, elle assista à la messe de minuit, sans trop de fatigue et avec beaucoup de consolation.

Elle en fait un long récit à sa mère, dans sa lettre du 25 Décembre.

« Noël! Noël! Noël!

« MA BONNE PETITE MÈRE,

« Qu'il est doux et bon, le Jésus de Noël! On ne peut commencer par dire autre chose, quand les souvenirs de la nuit vous remplissent le cœur. Et puis, je sais si bien trouver écho, je devine ma petite mère si heureuse, dans ses visites à la crèche!... »

Après les détails de la fête, elle ajoute :

« Voilà mon Noël, avec la paix et la joie du Seigneur répandues sur tous les visages. Jour beau entre tous, au noviciat, qu'on pleure de voir finir...

« Bonne nouvelle année, mère chérie, mais toute bonne dans le Cœur de Jésus. Où chercherais-je, pour toi, d'autres souhaits?

« J'écrirai à chacun de mes pères, pour le

jour de l'an ; mais, avant eux, reçois tout ce qu'il
y a de meilleur dans mon cœur, pour consoler le
vide de ce matin, où, je le comprends bien, l'enfant manquera à ceux qui l'aiment. Ce matin-là,
oh! va bien près, bien près de la petite crèche et
dis à Celui qui tend les bras à tous : « Je n'avais
qu'un trésor et je vous l'ai donné ; mais si je
le possédais encore, ce serait pour vous l'offrir. »
Et tu écouteras la réponse d'amour que fera ton
cœur heureux... Merci, ma chère petite mère,
pour ta tendresse, merci profond surtout pour
l'amour de Jésus, que tu n'a pas laissé s'éteindre dans mon cœur.

« Je souhaite les meilleures étrennes, joies,
vertus aux petites bonnes et fais, en esprit et
avec tout mon cœur, la ronde des ouvriers. Que
je voudrais tant ce brave et bon monde en
route pour le Paradis ! Il n'y a que cela *de ce...* »

La lettre se termine ainsi.

Dieu a permis cet oubli de clore sa lettre par
sa signature, avant de l'envoyer, afin de nous
laisser un témoignage de la promptitude de son
obéissance ; au premier signal, elle avait laissé
le mot inachevé.

A son ancien Directeur elle fait connaître le triste état de sa santé.

« En ce moment, lui écrit-elle, le 28 Décembre, je ne suis plus qu'un petit quart de novice qui se lève au second lever, passe une partie de sa journée en visites au laboratoire, est garnie de mitaines, de fichus, suivie partout de sa chaufferette, et bonne simplement à constater qu'elle n'est plus bonne à rien. Voilà votre Madeleine d'autrefois, la reconnaissez-vous ? Tout ce qu'elle avait promis dédaigner toujours, l'obéissance et la nécessité le lui imposent : de tout ce qu'elle voulait faire.... plus rien !

« Et ne pensez pas, mon R. Père, que je me sois permis, au noviciat, aucune de ces petites folies dont ma liberté me rendait autrefois l'exécution trop facile... J'ai pour mes supérieures, pour ma Mère Maîtresse, le cœur bien grand ouvert, et ne voudrais rien faire qu'elle n'approuvât. Je pourrais expier toutefois d'anciennes imprudences : ou qui sait... ?

« J'étais très orgueilleuse, pleine de *moi* : je pouvais tout... Je bravais tout ! j'avais une santé de fer... rien ne pouvait m'arrêter ! J'arrive

au postulat... Le Bon Dieu commence par me
montrer que je ne suis ni un personnage extraordinaire, ni une sainte... Je lui dis avec tout
mon cœur : « Par tous les moyens, Seigneur,
façonnez-moi selon votre vouloir ; je m'abandonne comme une planche à l'eau, travaillez! »

« Et le bon Jésus a pris son grand marteau,
m'a défaite pièce à pièce, et me voilà!... Je ne
suis rien... Je ne puis rien... Mais, j'espère que
je vous aime de tout mon cœur, ô mon Dieu? »

Ceux qui ont connu intimement le cœur de
cette chère sœur, qui ont pénétré ses désirs, tous
ses projets, peuvent savoir l'étendue du sacrifice qui lui était demandé. Que n'avait-elle pas
rêvé, pour la gloire de Dieu et le salut des âmes!
Ce cœur si ardent, si généreux, voulait se donner
tout entier, pour faire longuement son œuvre
dans l'apostolat. Le divin Maître accepta ces
désirs et s'en contenta. Il versa, dans ce cœur qui
lui appartenait, les grâces qui accompagnent
l'immolation, et qui, en peu de temps, font
parcourir une longue carrière.

Au renouvellement de l'année, les amies ne pouvaient pas être oubliées. Déjà plusieurs lettres étaient parvenues à sa chère Marie; elle l'avait remerciée d'avoir reçu son excellente mère.

« Merci, d'avoir reçu, d'une façon si affectueuse, ma bonne petite mère, au mois de septembre. Vous savez si ce que vous faites pour elle m'est doux et sensible! Elle a si grand besoin de cœurs qui la comprennent, dans son grand isolement...

« Je vous offre rendez-vous, mon amie, aux pieds de la Vierge, qui fit de nous deux sœurs, à une époque de la vie que nous ne saurions oublier. »

Le 31 Décembre, après la mort de la tante de Marie, elle lui écrit : « Votre bonne tante est recommandée aux prières du noviciat. Cela vous sera une consolation et une espérance. Hélas! on prend l'habitude de conduire trop vite les pauvres morts au ciel... Comme c'est bon d'être Auxiliatrice et de pouvoir donner à ses amis la meilleure aumône, en priant, en souffrant, en travaillant pour leur bonheur éternel ! Notre vocation est bien belle, mon amie ; nous donnons tout à Dieu et aux âmes, ne réservant de nous et pour nous absolument rien. Qu'il est bon de ne plus posséder que son Dieu et de n'avoir pas d'autre espérance que d'aller à Lui !

« Nous avons eu la plus belle veillée de Noël qui se puisse désirer. Si vous saviez comme les cœurs sont unis, fervents, joyeux, dans un noviciat? Si vous saviez ce que sont nos Mères ?... De véritables mamans pour les soins matériels, de tendres Jésus pour l'âme, auxquelles on ouvre un cœur bien grand pour lui apprendre à être bon. Et comme on s'aime entre sœurs! Jamais famille ne fut plus unie : tout commun, tout un, tout amour et charité ! Oh! ma chère Marie, je me demande s'il y a encore un monde, tellement ses bruits sont loin de nous. Que je vous souhaiterais notre paix, bien que je vous sache favorablement partagée... Mais non, je vous aime dans la « grande lice », puisque le Bon Dieu vous y a placée ; je prie afin que votre bonheur du ciel et de la terre s'y affermisse tous les jours,

bonheur trouvé, non dans les joies du monde,
mais à travers l'épreuve même, dans l'accomplissement du devoir et de la résignation aux
volontés de Dieu. Elles sont toujours douces
ces volontés divines, mon amie, et dans tout
malheur qui frappe, la grâce est répandue abondante et précieuse. Soyez donc bien calme et
très confiante, remettez à la Providence le
soin de vos chers affligés, et profitez de votre
nouvelle croix, pour faire un grand pas vers
le ciel. Nous nous retrouverons là... Nous nous
verrons encore avant, je l'espère; mais en
attendant, laissez-moi vous donner, pour la nouvelle année, tous mes baisers bien tendres
d'amie et de sœur.

Sœur MARIE DE SAINT-JOSEPH,

N. S. A. »

Celle qui consolait ainsi son amie du coup
qui l'avait frappée se voyait de plus en plus
atteinte par la maladie. Le 17 Janvier, elle fait
enfin part de sa faiblesse à sa chère mère.

« Le bon hiver est rude tout de même, et
gracieux à moitié. Il m'a mise en pénitence;
mais je ne m'en dois pas plaindre, puisque c'est

la volonté du Bon Dieu. J'espère seulement
qu'Il voudra bien guérir ma toux, le bon Maître,
en me délivrant de prison. Ah ! cette prison est
bien douce ! Une bonne chambre chauffée,
dédiée à saint Joseph, gardée par tous les saints
du Paradis, visitée par des Mères qui ne savent
quelles gâteries m'apporter ; c'est à chanter
toute la journée : *Benedicamus Domino.*

« Je couvre cette lettre de toutes mes tendresses pour toi et pour tous les autres que j'aime
si fort dans le Seigneur Jésus.

« Dans la belle fête de son saint Nom, à Dieu,
ma chère mère, en chantant : « Vive Jésus ! »

Aux premiers jours de janvier, en effet, la
faiblesse de la sœur M. de Saint-Joseph donna
de plus grandes inquiétudes. Les précautions
augmentèrent ; elle était seule à s'en étonner.

Le 15 Janvier, la M. Maîtresse, avertie qu'elle
avait toussé assez fortement dans la nuit, se
rendit à sa chambre et lui demanda le sacrifice
de ne pas se lever pour la Sainte Messe.

« Ah ! ma Mère ! Je suis bien. Veuillez ne pas

me juger sur l'apparence; d'ailleurs, je puise tant de forces dans le saint sacrifice ! »... Puis, tout à coup : « Non, non ; comme vous voudrez » et elle ajouta, en souriant : « Je suis contente de faire un acte d'obéissance qui me coûte, ceux qui nous sont demandés sont ordinairement faciles ! »

Elle descendit encore à la récréation de midi; toutefois, il n'y avait plus à en douter, elle était malade et gravement malade. Aussitôt, la chambre Saint-Joseph fut organisée en chambre de malade, et à 2 heures 1/2, l'infirmière se mit à sa recherche pour l'y installer. Elle la trouva à la chapelle faisant, comme à son habitude à cette heure, son chemin de croix. Elle était à la station qui nous rappelle la seconde chute de N. S. J. C. Au premier signe elle se leva, adressa un regard d'adieu au tabernacle, et suivit l'infirmière.

En entrant dans sa chambre de malade, elle s'écria : « Me voici prisonnière de Jésus! » Et dans un élan naïf d'abandon : « Eh bien! tant mieux, si je ne puis plus rien, Dieu disposera mieux de moi. »

Deux heures après, le médecin constatait les
progrès du mal : il devait y avoir lésion au
poumon droit, et une affection laryngite très
marquée se manifestait.

Pour elle, elle ne demanda rien, ne fit aucune
réflexion sur la visite du médecin.

Une Mère la trouvant occupée à mettre en
ordre quelques rubans de la sacristie : « On a
la bonté de m'occuper, ma Mère, lui dit-elle,
selon mes moyens. Je range des faveurs. » Puis,
avec un sourire de mépris pour elle-même :
« Voilà qui convient bien à la petite sœur Saint-
Joseph, qui se croyait capable de tout !... Oh !
c'est un travail divin que Jésus fait en moi;
laissons le faire, Il est si bon ! »

La Mère infirmière lui présenta un fauteuil.
Jamais elle ne fut plus surprise : « Moi, petite
novice, dans un fauteuil ! Cela ne va guère...

— « C'est Notre-Seigneur qui vous donne ce
petit soulagement. — Oh ! alors, merci, Jésus ! »
Et avec une gravité toute religieuse, elle s'assit
humblement, dans une attitude de recueillement.

Le soir, elle disait à la M. Maîtresse : « Merci,

ma Mère, de m'avoir mise ici ; je ne savais pas que j'en avais besoin, mais je vois maintenant que c'est un vrai soulagement pour moi. On me disait : « Faites seulement ce que vous avez la force de faire... » J'ai bien souffert, dans la crainte d'être lâche ; mais l'obéissance pourvoit à tout. »

Le lendemain était Dimanche. Grand fut son étonnement, quand on lui dit qu'elle ne descendrait pas à la messe de communauté.

Monsieur l'aumônier proposa de lui porter la Sainte Communion. Des larmes de joie brillèrent dans ses yeux. « Comment, Notre-Seigneur monterait... pour moi? Ce serait trop de bonheur! Veuillez dire à M. l'aumônier que je lui suis profondément reconnaissante. Quel bonheur, pour toutes mes sœurs ! Notre-Seigneur bénira l'escalier où elles passent si souvent. »

Elle entra aussitôt dans une préparation douce et calme du lendemain.

Elle reçut cette première visite du divin Maître avec un élan de foi et d'amour, lui tendant pour ainsi dire les bras, lorsqu'il s'avançait dans sa chambre. Elle disait ensuite : « Com-

ment n'aimerai-je pas ma chambre de malade?
Jésus l'a visitée!... »

Quand la Mère Maîtresse vint la voir, vers
10 heures, Sœur Marie de Saint-Joseph lui présenta un papier qu'elle venait d'écrire. C'était
un petit règlement pour ses journées d'infir-
merie. « Je voudrais être, dit-elle, ici, comme
là-bas, dans l'ordre du Bon Dieu et de l'obéissance. Je viens de faire ce règlement qui attend
votre approbation. »

La petite feuille, très nettement écrite, avait
pour titre : « Petit règlement de ma journée de
prisonnière du Bon Jésus. »

Ce règlement fut approuvé, *autant que* les
circonstances et les forces le permettraient.

« C'est cela, *autant que;* ajoutons le correc-
tif, et tout est bien. Je me plonge dans la volonté de Dieu. »

Au revers de la feuille se trouvait le catalo-
gue de ses intentions générales et particulières
précédé de ce titre: « Mon petit apostolat dans
ma chambre de malade ».

Toutes les personnes qui l'approchaient, durant sa maladie, peuvent dire avec quelle ravis-

sante ponctualité elle mettait en pratique son règlement, ne se laissant aller à aucune fantaisie de malade.

L'obéissance lui imposa peu à peu de faire des brèches à son règlement ; elle se soumettait aussitôt, disant : « Eh bien ! Jésus, je vous l'abandonne. » Et son grand sourire qui faisait du bien montrait que le sacrifice était accepté avec joie.

La petite chambre s'anima bientôt de quelques statues. Elle fit le plus doux accueil à celle de S. Joseph. « Voici, s'écria-t-elle, mon bon Père S. Joseph qui vient protéger son enfant ! »

Enfin, un jour, on apporta une grande et belle statue de N.-D. de Lourdes, qui domina le petit autel, sur lequel le saint Sacrement était déposé les jours de communion. « Ma Mère, ma Mère chérie, dit-elle en l'apercevant, elle dans ma chambre, c'est le comble du bonheur ! »

Désormais, tous ses regards, tous ses souvenirs, jusqu'au dernier jour, furent pour Marie Immaculée. Pendant des heures entières, elle la contemplait, la caressait du regard, jouissait de sa présence.

Ses communions étaient les communions d'un ange. Quelque mauvaise qu'eût été la nuit, elle reprenait vie et force pour recevoir Notre-Seigneur. L'infirmière dit qu'il lui arriva de la trouver, le soir, privée de forces ; mais, vers 1 heure ou 2 heures du matin, à mesure qu'approchait la visite du divin Maître, elle semblait reprendre une nouvelle vie, si bien qu'en faisant sa toilette pour cette visite tant désirée, on aurait pu la prendre pour une convalescente.

Elle ne se contenait pas de joie à l'approche du divin Jésus ; mais, l'ayant reçu, elle se nourrissait de sa divine présence, de l'amour de son Cœur, des infinies tendresses de sa charité, restant immobile dans l'action de grâces le plus longtemps possible.

Lorsque vers 8 heures la Mère Maîtresse arrivait, elle était sûre de recueillir quelques-unes de ces paroles angéliques, qui s'échappaient naïvement de son cœur. « Vous allez mieux, ce matin ? » — « C'est que Jésus est là ! répondait-elle, je suis si bien avec Lui ! »

Elle aimait qu'on laissât la couverture blanche sur son lit : « Je suis si bien sous mon petit drap blanc!... Ah ! que Jésus est bon pour sa petite fille ! »

Au milieu de tous les soins qui lui sont maternellement prodigués, elle revient encore à ceux que réclame l'état de santé de sa mère.

Le 23 janvier, elle lui écrit : « Le petit accident dont tu me parles, sans me tourmenter, me fait cependant désirer d'avoir bientôt de tes nouvelles. Surtout, ma chère petite mère, sois prudente, prudente, prudente. Le bon Jésus et ta fille le demandent de toi. Avant tout, la volonté du Maître et le sacrifice, plutôt que la consolation. Cela est bien dur, je le comprends, d'être privée de toute « ta vie », mais il vaut mieux encore souffrir patiemment quelques jours, et marcher bravement et longuement ensuite.

« Je suis plus gâtée que toi, dans ma petite prison. Le voisinage si proche de notre cher Maître ne me prive pas du bonheur de le recevoir. Aussi, je lui parlais de toi, ce matin, dans ma communion, en te plaignant et en le priant de te dédommager par une grande soumission et paix intérieures. Les désirs pleins de regrets de ton cœur t'unissent si bien à Lui !

« Quelle rapprochante coïncidence nous met en même temps dans la solitude de son cœur ? Il y fait bon !... Je te souhaite d'en sortir la première, les privations et les ennuis devant être beaucoup plus grands de ton côté que du mien. Moi, je deviens une « enfant gâtée », qui ne sait plus comment ouvrir son cœur assez large, pour payer la tendresse des soins dont on l'entoure...

« Au revoir en Jésus, attachons nos deux cœurs au pied de la croix, c'est là qu'ils doivent se retrouver. »

Pour la dernière fois, elle allait envoyer à son cher grand-père l'expression de sa filiale affection ; elle le fait d'une manière touchante.

« Mon bon grand-père,

« Tu es donc toujours triste, désolé, regrettant ton petit oiseau ? L'ayant nourri de ta main, abrité avec soin, tu le regardais tendrement, pensant avec délices qu'ainsi toujours il chanterait pour toi !... Ah ! si tu lui donnais ton regard si bon, lui te rendait bien son amour; vivre pour toi, le consoler, l'aimer, c'était bien son bonheur, sa meilleure espérance.

« Mais un jour vint où d'autres attraits entraînèrent son cœur ; il regarda le ciel et ne put l'oublier, si bien que près de toi-même en chantant, oui, il pleurait !... Il pleurait et tu ne voyais pas ses larmes ; il combattait, tu ne savais pas ses tourments. Lui aussi a souffert, avant de te dire son adieu, mais il t'aimait assez pour faire à ton bonheur le plus complet des sacrifices, et, s'enfuyant, il dit : « Un jour je reviendrai, quand mes ailes seront bien fortes, chercher celui que j'aime et l'emmener aux cieux. Je lui mettrai entre les mains l'humble bouquet de muguet blanc, au cou il portera la sainte image protectrice que je lui passais autrefois, et la Vierge nous fera entrer pour nous revoir toujours et ne plus nous quitter.

« Crois en mon cœur, et crois en mes paroles, on ne quitte pas pour des *rêves faux* tout ce à quoi j'ai dit adieu. Vivre quelques jours ici-bas, travaillant et souffrant, c'est trop peu pour l'âme si grande que Dieu nous a donnée. Lève ton regard si loyal et si droit, bon père ; Dieu

est là-haut qui te tend les bras ; regarde, comprends et espère !... Aucun malheur ne peut
t'arriver, le cœur mille fois tendre de ta petite
enfant veille à jamais sur toi.

« Celle qui t'aime,

MADELEINE DE SAINT-JOSEPH. »
N. S. A.

C'était le second adieu, l'adieu pour l'Eternité! Mais, dans sa pensée, elle voulait seulement porter son cher grand-père à écouter la
voix qu'elle priait Dieu de faire retentir dans
son cœur, à l'approche des fêtes pascales. Ses
prières, unies à celles de sa mère, demandaient
avec ferveur le retour de cette âme à Dieu.
Quelle consolation elles en auraient éprouvée !

Sœur Marie de Saint-Joseph a hâte de
connaître l'impression produite. Elle le mani-
feste par ce petit billet : « Ma chère petite mère,
je viens chercher des nouvelles de la lettre
que je t'ai remise pour grand-père. Je suis
tellement étonnée de ton silence, sur cette
question qui me brûle le cœur, que j'ai pensé
plusieurs fois que ma lettre ne t'était pas encore

parvenue. Réponds-moi vite à ce sujet, je te
prie, j'en espérais quelque chose. »

Non, cette lettre n'avait pas encore été
remise : Madame Tronel le dit à sa fille, en
lui apprenant une protection toute particulière,
dont son grand-père vient d'être l'objet.

« Oh! ma petite mère, répond-elle, quel
miracle! mais quelle réponse consolante de la
très sainte Vierge!

« Ecoute à ton tour, et tressaille de bonheur.

« J'avais manifesté à Mère Maîtresse le désir
de mettre la photographie de grand-père, que
j'avais emportée, dans le médaillon suspendu
aux mains de notre Sainte Vierge, en face de
mes dates du cœur.

« Cette bien chère Mère me l'avait accordé
et elle voulait exécuter aussitôt mon plan.
Mais, poussée par une secrète et forte impression, je la priai d'attendre la fête de « Jésus au
jardin », si consolante et tant aimée de notre
vénérée Mère et de toute notre Société. Je
voulais que ce fût, hier... J'allais savoir le
pourquoi.

« Donc, à 9 heures, hier matin, le bon grand-

père était remis entre les mains de ma bonne
Mère... Une heure après, peut-être, ta lettre
apportait la nouvelle. N'était-ce pas un « **Je
vous le sauverai** » ?

« Je t'en conjure, ma bonne petite mère,
donne immédiatement, à la première entrevue,
la lettre de grand-père, les jours en passant font
oublier les choses, il faut saisir sur le vif. **Pour
moi**, je suis heureuse d'avoir à offrir, par suite
d'un mauvais temps continuel, quelques souffrances et privations, en paiement de telles
faveurs.

« Union dans le sacrifice pour être unis dans
le bonheur ! »

Sr M. DE S.-JOSEPH. »

N. S. A.

§ IV. — La Mort.

Cependant la maladie faisait de rapides progrès.
Le 28 Janvier, on résolut de parler à la chère
sœur de l'Extrême-Onction. La nuit avait été
mauvaise, et à 10 heures 1/2 elle était assise
bien fatiguée, dans son fauteuil, lorsque la
Mère Maîtresse s'approcha d'elle, et, après quel-

ques paroles, lui dit : « Voulez-vous que je vous traite en religieuse, et que je vous dise toute la vérité? » — Sœur Saint-Joseph fixa sur elle ses grands yeux et répondit : « Oh oui! ma Mère, ai-je quelque chose à faire? » — « Eh bien! nous vous trouvons bien malade, et vous savez que les religieuses n'attendent pas que les remèdes humains soient épuisés, pour recourir aux remèdes du Bon Dieu. Voulez-vous recevoir l'Extrême-Onction? »

Il fut impossible de saisir une émotion sur son visage, mais seulement un grand sourire angélique. « Bien volontiers, dit-elle, quand croyez-vous bon que je la reçoive? » — « Demain, vous devez communier, voulez-vous que ce soit demain? »

Elle joignit les mains avec respect et, relevant la tête, dit avec gravité : « Eh bien! ma Mère, ne retardons pas les grâces du Seigneur. »

La voyant si calme, la Mère lui demanda ce qu'elle pensait elle-même de son état. Sœur Saint-Joseph, à cette question, se recueillit, comme si une pensée nouvelle traversait son esprit, puis répondit naïvement : « Je n'ai pas

fait de réflexion sur cela ; j'aime mieux m'a-
bandonner.

Peu après, 11 heures sonnaient. Elle bénit
l'heure tranquillement avec la Mère Maîtresse.
Puis, son règlement indiquant *écriture,* elle
prit son buvard et se mit à poursuivre une copie
commencée.

Dans la journée, elle demanda à se confesser,
pour se préparer à la réception des sacrements.
« Mais, dit-elle, j'ai si peu de lumière, que je
ne sais trop ce dont je dois m'accuser. » —
« Vous n'avez rien qui vous fasse de la peine ? »
— « Non, répondit-elle... » Puis, quelque temps
après : « Je viens d'y penser, je suis prête ;
M. l'aumônier peut monter quand il voudra. Je
dirai que je suis exigeante, depuis ma maladie,
et trop attachée à mes petits intérêts. »

Elle se recueillit pour s'exciter à la contri-
tion et au ferme propos.

Le soir, avant de s'endormir, elle demanda
quelques renseignements sur ce qu'elle aurait
à faire ou à dire, pendant la cérémonie. Comme
on lui disait qu'elle n'aurait qu'à s'unir aux
prières, elle reprit : « J'aurai reçu Notre-Sei-

gneur, je demeurerai dans l'action de grâces. »

Elle parut heureuse de penser que toutes ses sœurs assisteraient à la cérémonie. « Mais, demanda-t-elle, croyez-vous que cela ne leur causera pas trop d'émotion? » Elle ajouta : « Aux Postulantes peut-être? » Sur la réponse négative, elle dit : « Tant mieux, tout le monde sera là. »

La matinée du 29 fut des plus touchantes. La chambre était brillante de lumières, et le petit autel mieux orné que de coutume. On y avait déposé le bouquet blanc de lis et de muguet, de la prise d'habit. Il ne devait plus quitter sa chambre où il resta placé aux pieds de la très sainte Vierge.

Lorsque les Novices entrèrent, elle leur dit quelques paroles touchantes, inspirées par son cœur. Puis, à l'approche du très saint Sacrement, elle reprit cette attitude de foi et de douce confiance qui lui était habituelle en présence du divin Jésus. Elle le reçut avec amour et ensuite, tout en se tenant dans un recueillement qui pénétrait tous les cœurs, elle s'unit aux prières des derniers sacrements, présentant ses mains aux onctions, avec humilité et reconnaissance.

A La Bonde étaient parvenues les tristes nouvelles du progrès de la maladie. Aussitôt, la pieuse mère éplorée écrit :

« Je viens vous prier, mon R. Père, de penser d'une manière toute particulière à votre chère fille, Marie de Saint-Joseph. On m'écrit qu'elle est très souffrante, dans un état d'affaiblissement qui inquiète. Priez, mon Père, et faites prier pour elle et pour moi. » Après la communication du 28 Décembre, cette nouvelle ne pouvait que montrer une triste réalité. Une lettre pleine d'assurance de prières et de pieux encouragements, dans la voie de l'abandon à la divine Providence, fut envoyée à la chère Novice.

Cette lettre lui arriva le lendemain de la réception des derniers Sacrements. Elle voulut y répondre immédiatement.

« *Blanche-Lande, 30 Janvier 1891.*

MON TRÈS RÉVÉREND PÈRE,

« Quel bien et quel bonheur m'a fait votre

lettre de ce matin! Combien je bénis votre paternelle sollicitude, qui me suit dans la paix du Seigneur, comme elle m'a soutenue dans les épreuves! J'aime aussi, moi, à venir vous dire ce que le Bon Dieu a fait pour mon âme : car en ce moment il l'accable de biens.

« L'affaiblissement et la toux dont je vous ai parlé sont allés grandissant, si bien ·qu'aujourd'hui ils me font prisonnière, reléguée dans une chambre, où j'apprends à souffrir, à aimer, à trouver Jésus. Je n'ai pas besoin de vous parler du dévouement de nos Mères... Oh! quel centuple!... Je suis si gâtée que je m'en effraierais, craignant de perdre tout mérite, si la voix de la sainte obéissance ne me rassurait complètement. Me voilà devenue le « tout petit enfant » que vous souhaitiez; encore un peu, je tourne au bébé!

« Mais, je veux arriver bien vite aux grandes faveurs que ma maladie fait tomber du ciel sur moi. Hier, saint François de Sales purifiait, par le Sacrement de l'Extrême-Onction, le tabernacle de l'Esprit-Saint, et lundi, jour de souverain bonheur, Marie me mènera à l'autel de l'immolation, pour me faire dire, en union avec son divin Fils, mon complet *Ecce venio :* je serai tout entière à Jésus, je serai *religieuse !...* Ce mot et tout ce qu'il exprime plongent mon âme dans l'anéantissement.

« Vous voudrez bien avoir, ce jour-là, grand souvenir pour moi ; il est si consolant de penser que son Père est uni à tout ce qui touche l'âme de son enfant.

« Encore d'autres grâces du côté de la famille, qui ont bien consolé mon cœur. Mardi dernier, une lettre de mère m'annonçait que, le vendredi précédent, grand-père et mon oncle avaient été renversés de voiture et rejetés sur la voie *sans une* égratignure, tandis que la voiture était en pièces !...

« Ce même mardi de grâces et d'espérance, petite mère souffrante faisait entrer le Bon Dieu à la maison : mon père allait lui faire les honneurs de la porte, et bon papa, étant monté chez mère et voyant son petit autel, eut un long regard, paraît-il, pour ma statue du Sacré-Cœur.

« Dieu soit éternellement béni ! Pourrais-je

me plaindre de quelque chose en face de tels événements?

« On dit que les malades sont de « meilleurs associés » ; j'en garde toute la charge et suis bien heureuse de pouvoir doubler mon petit secours.

« Par Jésus et par Marie, auxquels je confie toutes nos chères intentions, je vous offre, mon Révérend Père, toute ma vieille et toujours nouvelle reconnaissance.

Votre très humble servante et fille en Jésus.

S. M. DE SAINT-JOSEPH. »

Cette lettre écrite avec une si grande sérénité ne fut pas envoyée : la chère malade l'oublia parmi ses autres papiers, sur la table. Elle ne fut trouvée et expédiée qu'après sa mort.

Pendant quelques jours encore, l'administration des derniers sacrements fut donc ignorée de son ancien directeur; mais, surtout, il ne put pas apporter, le 2 février, le témoignage de son union de prières et ses pieuses et paternelles félicitations, en ce jour de si grande fête. Si souvent, dans leurs entretiens, il avait été question

du bonheur de la profession religieuse, des
dons que le Cœur sacré de Jésus fait trouver
dans cette immolation !...

Ce jour-là et les suivants, n'y eut-il pas, dans
son cœur, une place pour le sacrifice d'un silence inexpliqué ?...

Lorsque, prévenu par Mme Tronel de la cérémonie du 29 janvier, ce Père voulut écrire, il
était trop tard : sa lettre fut déposée sur le cercueil.

Dieu avait permis ce double sacrifice, pour
sanctifier davantage une âme déjà si près de Lui.

Pour se préparer à la grande faveur qui lui
était accordée de prononcer ses vœux, Sr M. de
Saint-Joseph avait tout disposé pour faire un petit Triduum.

La nuit qui précéda la fête de la Purification
de la très sainte Vierge fut une nuit pleine de
délices. La chère sœur était comme dans une
attente céleste. Au milieu de la nuit, la flamme
du foyer, se ravivant subitement, jeta dans la
chambre une vive clarté, qui lui permit d'aper-

cevoir la statue de N.-D. de Lourdes et le petit
autel à demi préparé pour le lendemain. Elle
ouvrit aussitôt les yeux, les fixa devant elle et,
tendant les bras, elle dit avec une expression
toute filiale : « Ah! voilà ma Mère! Qu'elle est
belle !... » Elle demeura ainsi quelque temps et
eut une sorte de ravissement céleste.

Elle avait manifesté le désir de prononcer
ses vœux, en présence des Mères seulement.

« J'aime mieux, avait-elle dit, que mes sœurs
l'ignorent... Si Dieu me guérissait et que je re-
tourne au noviciat, il leur semblerait peut-être
que je ne serais plus comme l'une d'entre elles. »

On respecta son désir inspiré par une pensée
d'humilité.

Avec quelle ferveur elle réunit les forces de
sa voix, pour prononcer la formule qui l'unissait
à Notre-Seigneur! Combien douce fut son action
de grâces !

« Ah! que tout est blanc aujourd'hui, » disait-
elle, ensuite, promenant ses regards sur sa
petite chambre bien parée : « Oui, et l'âme surtout, que Jésus a rendue blanche comme neige. »

Et joignant les mains avec humilité, elle ajouta lentement: « Je l'espère, par la très grande miséricorde de Dieu. »

Ce jour-là, le petit autel couvert de lis garda sa parure toute la journée, et la chère petite sœur ne fit guère que sourire à la très sainte Vierge. Un cierge brûlait aux pieds de Marie Immaculée; elle dit souvent, dans la journée : « Il se consume en action de grâces, il parle pour moi ! »

A ses sœurs qui venaient la visiter, elle présentait son doigt mouillé d'eau bénite, en disant : « C'est mon bonjour à moi. »

Elle cherchait à les édifier et toujours elle les remerciait, avec une joyeuse reconnaissance, de leur charitable visite.

Le reste de la journée fut très calme. « Ma belle fête, disait-elle, le soir, va donc jusqu'à minuit ; mais, soyez tranquille, ma Mère, je ne me fatiguerai pas à y penser, cela se fait tout seul. »

A partir du 2 février, sœur Saint-Joseph parut entrer dans une nouvelle phase morale de sa maladie. « Je ne sais, dit-elle, si je dois regarder comme une inspiration de la grâce le besoin de solitude que je ressens. » — « La conversation de vos sœurs vous fatigue? » — « Oh! non, reprit-elle, elle me fait du bien; mais je suis attirée à la solitude, j'ai besoin d'être seule avec Jésus. »

Elle passait donc les journées presque en silence et dans le recueillement.

On avait déposé, devant elle, sur sa petite table, un crucifix un peu plus grand que le sien; elle en fut contente : « Nous sommes là, face à face, dit-elle, Lui, mon bon Jésus, sur sa grande croix bien dure, et moi, sa petite fille, sur une petite croix... qui n'est pas bien dure, » concluait-elle en souriant.

La pensée du saint abandon lui était habituelle. « L'abandon, oui ! cela je puis toujours le faire... Je suis dans la main de Jésus ! » Cette expression revenait souvent sur ses lèvres, dans les moments de plus grandes souffrances. « Vous n'avez plus de force, » lui disait une Mère, qui la soutenait dans un moment de défaillance. « Cela ne fait rien, répondit-elle, je

suis dans les mains de Jésus. » Puis, elle ouvrait les yeux avec un grand sourire, soit en regardant le ciel, soit en regardant la sainte
Vierge, soit en disant : « Jésus! » avec une expression d'amour et de tendresse, bien plus que de
souffrance.

Les saints noms de Jésus et de Marie revenaient souvent sur ses lèvres, et semblaient lui
donner des forces nouvelles.

L'octave du jour où elle avait prononcé ses
vœux fut celui des Quarante Heures.

Tout le jour elle sourit, répétant le saint nom
de Jésus. « C'est le jour de la Réparation, disait-
elle, j'espère que Jésus voudra bien se glorifier
dans la faiblesse de sa petite créature. Puis,
voyant une Mère se lever pour aller à l'Adora-
tion : « Voulez-vous, lui demanda-t-elle, remercier pour moi mon Jésus si bon! » — (Elle appuyait toujours sur ces derniers mots.) —
« Car c'est aujourd'hui l'octave de mon grand
jour. »

D'une grande énergie, elle semblait n'avoir
besoin de rien, n'était jamais préoccupée d'elle-
même, mais beaucoup des autres. Elle vit un

jour une Sœur qui souffrait d'un doigt ; elle la plaignait, s'inquiétait de son mal : « Voilà ce qui s'appelle souffrir, » disait-elle.

M. l'aumônier, dans sa visite quotidienne, lui demanda, un jour, ce qu'elle écrivait. C'était une prière au Sacré-Cœur. Elle lui offrit d'en faire une copie, et M. l'aumônier ayant accepté : « Tant mieux, dit-elle ensuite, j'aurai obtenu quelques prières de plus au Sacré-Cœur. »

Le samedi 14, elle ne se sentit pas capable de se lever. La voix manquait aussi, et sans faire aucune réflexion, elle dit : « C'est bien simple, j'écrirai maintenant ce que je voudrai dire. » Elle le fit, en effet, et continua à demander ainsi ses petites permissions, ce dont elle ne dispensa jamais.

De son lit, elle voulut envoyer elle-même de ses nouvelles à sa mère. Elle commença avec une plume, mais par obéissance elle continua au crayon.

Après quelques mots sur sa santé et sur « cet état qui l'unit au Sauveur souffrant », elle s'occupe de la vocation d'une jeune fille qui désirait venir la rejoindre ; elle trace à sa mère la conduite à tenir, pour arriver à seconder les desseins du Bon Dieu sur cette âme.

Ainsi, sa correspondance se termine par un acte de charité et de zèle ; la veille de sa mort, elle s'emploie à préparer les voies à la jeune postulante qui viendra prendre la place qu'elle va laisser vide.

Mᵐᵉ Tronel ne pouvait plus se faire illusion, sur l'issue fatale d'une maladie qui ne cédait à aucun remède.

Dès la fin de janvier, des lettres presque journalières venaient, de la part des Révérendes Mères, faire connaître l'état de sa chère fille.

Elle pouvait suivre ainsi et les progrès de la maladie et les admirables dispositions de celle qui, se donnant à Dieu, ne s'était rien réservé, et croissait sans cesse dans la vertu du saint abandon.

En effet, pénétrée de plus en plus du désir d'appartenir entièrement à Dieu, cette chère enfant se réjouissait de voir la volonté divine s'accomplir en elle. « Ce n'est pas moi, répétait-elle, qui me plaindrai de mon sort. »

« Courage, lui disait-on, Jésus vous aime bien. »
— « On me l'a toujours dit, » reprit-elle, avec
candeur. D'elle-même elle se soutenait par des
pensées de foi. « Les souffrances du temps sont
peu en proportion de l'Eternité » ou encore :
« Est-ce que notre Mère de la Providence n'a
pas dit qu'une Auxiliatrice doit souffrir avec
le sourire de l'amour ?... Je ne sais trop si elle
me reconnaîtrait pour sa fille. »

Afin, disait-elle, de l'aider à ne pas se re-
plier sur elle-même, elle désira qu'on lui fît
de petites lectures. Quelques pensées de sainte
Gertrude l'aidèrent beaucoup dans ses derniers
jours.

La nuit du 14 fut particulièrement douloureuse ; mais le matin du dimanche 15, la sœur
Saint-Joseph était calme, lorsque la Mère
infirmière entra comme de coutume.

En préparant le petit autel pour la Sainte
Communion, elle s'aperçut qu'elle faiblissait.
Elle courut à elle, lui dit quelques paroles
pieuses, approcha le crucifix de ses lèvres, que
la chère sœur baisa pieusement. Elle avait
toute sa connaissance ; cependant, lorsque la

Mère Maîtresse accourut, elle ne sembla pas la reconnaître.

La messe de Communauté sonnait : elle allait offrir son sacrifice, en même temps que celui de Notre-Seigneur sur l'autel.

Peu d'instants après, elle ouvrit les yeux et reconnut les personnes qui priaient autour d'elle. Le crucifix lui fut présenté, en lui disant de mettre son âme entre les mains de Jésus. Elle le baisa avec force, puis, refermant les yeux, d'un geste encore énergique, elle croisa largement les bras sur sa poitrine, dans une attitude de sacrifice et d'attente.

N'entonnait-elle pas de nouveau son *Magnificat,* comme elle l'avait fait, un an auparavant, à pareil jour !

Elle demeura ainsi, presque immobile, tout le temps du Saint Sacrifice de la Messe.

Avait-elle alors conscience d'elle-même ? cela sembla probable aux heureux témoins de cette scène touchante. Ensuite, elle étendit les deux bras, joignant à demi les mains. On y plaça son crucifix, et il y demeura constamment debout, tant la fin fut paisible.

Après la messe de Communauté, on fit dire qu'elle ne pourrait pas communier. Déjà la clef était au tabernacle et les lanternes se trouvaient préparées pour accompagner le très saint Sacrement.... La communion devait se faire au ciel!

M. l'aumônier monta aussitôt, et fut touché du calme dans lequel il la vit. Il récita les prières de la recommandation de l'âme, auxquelles répondaient avec émotion les Mères présentes. Enfin, après avoir reçu une dernière absolution et l'indulgence de la bonne mort, vers 9 h. 1/2, elle poussa un soupir qui fut le dernier.

L'âme de la sœur Marie de Saint-Joseph était « placée entre les mains de Jésus ».

C'était le 15 Février, 6 mois, jour pour jour, après sa prise d'habit.

Son corps reposa pendant deux jours aux pieds de la sainte Vierge. Il semblait que Marie immaculée disait à tous : « C'est mon enfant. » La dernière cérémonie fut touchante. Lorsque le « Beati mortui » retentit au milieu du sanctuaire tendu de draperies blanches, tous les cœurs furent émus et les yeux remplis de larmes.

Oui! « Bienheureux ceux qui meurent dans le Seigneur! »

Le temps était radieux, le parc inondé de soleil, lorsque le corps fut porté à travers ses allées. Après une dernière absoute donnée à l'église de la paroisse, on le déposa dans le cimetière, au pied de la grande croix de pierre.

Ses sœurs aiment à venir prier sur sa tombe, et puisent dans le souvenir de celle qui fut leur sœur Marie de Saint-Joseph, le désir d'être fidèles et abandonnées à Jésus par Marie.

ÉPILOGUE

A La Bonde on était préparé à recevoir la douloureuse nouvelle, que le télégraphe y fit parvenir dans la journée ; et cependant, on avait peine à croire à cette triste réalité. Comment cette jeune fille, qui paraissait brillante de santé, était-elle ravie si promptement à la tendresse de tous ! Ce fut une peine immense et profonde, proportionnée à l'affection que tous les cœurs lui avaient vouée. De toutes parts affluèrent les témoignages les plus sympathiques d'étonnement et de tristesse. Enfin, avec la grâce de Dieu, la consolation vint des hommages rendus aux vertus de celle qui n'était plus.

Les meilleurs furent envoyés de Blanche-Lande,

où l'on redisait les pieux souvenirs laissés par la vie et la mort de Sœur Marie de Saint-Joseph.

« Notre solitude, écrivait la Mère Maîtresse, dans une de ses lettres à la pauvre mère, demeure tout embaumée du parfum de cette mort vraiment angélique... Surnaturellement parlant, on peut dire que l'holocauste offert tant de fois, et avec tant de plénitude de cœur, a été accepté et s'est consumé tout entier jusqu'au bout. »

Cet holocauste offert pour le salut des âmes qu'elle aimait plus qu'elle-même, Dieu l'a-t-il agréé, en exauçant tous ses vœux? Nous avons tout lieu de l'espérer.

« Le Bon Dieu me les donnera tous les trois, » répétait-elle souvent, «grand papa, mon petit père et mon oncle. » Et sa confiance reste toujours entière. Mais, c'est dans l'Eternité qu'elle les vit revenir à Dieu, l'un après l'autre.

Le jour de la Toussaint 1893, Mme Tronel reçut une lettre lui demandant d'importuner, (c'est sa propre expression) Sœur Marie de Saint-Joseph, afin qu'elle donnât la certitude de son bonheur par la conversion de l'un des siens.

« Le soir même, dit-elle, mon père tomba malade. Les alarmes augmentant, le vendredi, premier vendredi du mois, on lui parle de voir un prêtre ; il accepte et se confesse, le lendemain, en pleine connaissance. Madeleine fait des siennes, c'est évident : son grand-père en parle très souvent avec émotion. »

La communion avait été remise au 9 Novembre, jour de la fête de M. Seigneuré. Il la fit dans de grands sentiments de foi, vérifiant les paroles dites par sa petite-fille : « Mon cher grand-père ne pèche que par ignorance ; quand il reviendra au Bon Dieu, il ira à Lui tout droit, comme un enfant. »

Le samedi suivant, il reçut l'Extrême-Onction, tenant entre ses mains le crucifix de sa chère Madeleine, et l'embrassant avec une grande émotion.

Avec la paix de l'âme, les forces du corps revinrent un peu, comme pour laisser paraître davantage l'intercession de celle qui veillait sur les siens.

Pendant plus de deux mois que se prolongea la maladie, avec des alternatives de calme et de souffrances, **M.** Seigneuré, au point de vue religieux, parut tout autre qu'il avait été. Il réparait par sa piété les indifférences de sa vie. Un soir qu'il souffrait, il dit à son frère : « Mon cher frère, je souffre beaucoup, mais ma dernière souffrance sera pour que tu reviennes au Bon Dieu. »

« Lorsque mon oncle se fut retiré, ajoute Mme Tronel, il me dit : « Mon frère a le caractère bien froid, bien glacial, mais il reviendra : il m'a fait signe que oui. »

Dans la même journée, il dit encore à sa fille : « Que le Bon Dieu est bon de me faire mourir dans sa sainte grâce !... Nous nous retrouverons avec Madeleine ; je prierai bien pour toi. »

Mais Madeleine, comme elle l'avait promis, ne venait-elle pas au devant de son cher grand-père ?

Mme Tronel écrivait à une amie de sa chère fille : « J'ai besoin de venir vers vous aujourd'hui (14 Février), car il se passe du merveilleux à La Bonde. Nous sommes de plus en plus étonnés des dispositions si belles de mon bien-aimé père. Il souffre avec une patience admirable. Son recours à Dieu, à tous ses parents défunts, et surtout à « son ange chéri », comme il appelle de temps en temps Madeleine, nous montre son union continuelle avec Dieu. Malgré ses souffrances, son abandon pour le jour et l'heure du départ est vraiment extraordinaire.

« Ce matin, je l'ai vu sourire tout à coup, en disant : « Oui, ma petite Madeleine! » — « Tu la vois donc, ta Madeleine? » — « Oui, je la vois! »

« Comme on lui offrait de mettre la photographie de sa chère petite-fille sur son lit : « Je n'en ai pas besoin, je la vois sans cela. »

« J'ai été vivement impressionnée, et toujours son air radieux me revient à la mémoire.

« Un autre jour, un samedi, il m'appela et me dit : « Je viens de voir Madeleine, elle me tend les bras... qu'elle est belle!... Oh! que c'est beau, que c'est donc beau!... Ange chéri, c'est bien à toi que je dois toutes les grâces du Bon Dieu. Comme le Bon Dieu est bon de me faire mourir dans sa grâce! »

Il avait espéré mourir le même jour que

Sœur Marie de Saint-Joseph, et souvent il lui demandait de venir le chercher ; mais toujours il se conformait à la volonté de Dieu, sanctifiant de plus en plus ses derniers jours. Il reçut une dernière absolution dans les premiers jours de mars, manifestant sa confiance dans la divine miséricorde et dans les grâces que lui obtenait sa chère petite-fille.

Le 13 mars, à 1 heure 1/2, il s'endormit enfin dans le Seigneur, et son âme, purifiée par une longue et douloureuse maladie, parut, nous pouvons l'espérer, devant son Créateur, digne des récompenses éternelles.

« Quelle consolation dans le coup qui nous frappe, écrivit Mme Tronel, et comment ne pas croire au bonheur de ma chère fille ? Elle a eu « les bras assez forts pour venir prendre son grand-père chéri et le conduire à Dieu ».

La mort de M. Seigneuré enlevait à La Bonde son soutien, et M. Tronel, trop âgé et trop infirme pour continuer les affaires, se retira bientôt au Mans, avec sa femme et son oncle.

Ce changement de vie fut loin d'être favorable à la santé de Mme Tronel ; mais son âme y trouva un aliment surnaturel plus abondant. Elle fit entrer, dans sa manière de vivre, tout ce qu'elle put de vie religieuse. Elle devint tertiaire de Saint-François et s'employa aux nombreuses œuvres qui dépendent de ce tiers-ordre.

En 1892, elle avait accompli un pieux pèlerinage à la tombe de sa chère fille, et Blanche-Lande lui avait cédé de précieuses reliques, dont elle s'entoura avec une piété toute maternelle. Lorsqu'on venait la visiter, elle les montrait avec bonheur, et on peut dire qu'elle vivait en union avec l'âme si chère de sa Madeleine.

Au commencement de mars 1896, une nouvelle et grande consolation lui fut donnée par son mari, qui revint sincèrement à Dieu, en s'approchant, à Pâques, de la sainte table. Déjà, la faiblesse qui la minait s'accentuait tous les jours et bientôt elle appela, elle aussi, à son secours, son ange du ciel. Le 3 mai, elle entra dans son éternité, préparée et sanctifiée par tous les secours qu'elle avait tant souhaités aux siens.

Les obsèques eurent lieu le 5 mai. C'est de-

vant le Carmel que les voitures attendaient
ceux qui devaient conduire le corps à Changé.

« Devant le Carmel, écrit une amie de Madeleine, celle qu'elle avait appelée « son Raphaël »,
oui, juste en face la porte de la chapelle, où
le 27 avril 1890, fête du patronage de saint
Joseph, la mère et la fille répétaient leur généreux *fiat,* aujourd'hui, mercredi, sous le regard
de saint Joseph, dont on apercevait la statue,
la dépouille mortelle de la pieuse Mme Tronel
était placée sur le char devant la porter, là-
bas, rejoindre son père.

« Il pouvait être alors 9 heures. Et c'était à
9 heures, si j'ai bonne mémoire, que la messe
était célébrée ce 27 avril 1890...

« Vous vous étonnez peut-être de trouver le
cortège devant le Carmel ? En effet, ce n'est pas
le chemin direct pour Changé ; mais, M. Tronel a voulu que le funèbre convoi passât devant La Bonde. C'est donc par Yvré que nous
nous sommes rendus à Changé.

« Quel saisissement on éprouva en arrivant
à La Bonde ! On mit les chevaux au pas, pour
passer devant cette maison témoin de tant de

belles et saintes choses et dont trois des habitants sont partis à jamais depuis 6 ans. Malgré
le saisissement qu'on éprouvait, on aimait à
passer là, à la suite de la chère défunte. Rien
sur le cercueil, qu'une croix et le crucifix de
Madeleine, selon la volonté de la chère dame...

« Marie, l'amie intime, était là avec son
mari, et j'ai été heureuse de les voir.

« Je ne vous ai rien dit de la mort de Mme
Tronel. Elle est arrivée, comme on le pensait,
sans secousse ; elle s'est éteinte peu à peu.

« Dimanche soir, je fus la voir, vers 3 heures ;
elle était très abattue. Je lui donnai connaissance d'une lettre de Blanche-Lande, où elle
avait fait envoyer du muguet, pour le 1er mai.
Elle parlait peu et très bas, répondant même
souvent par signe aux questions faites... Une
heure après, elle appela tout le monde, donna
une poignée de main à chacun, demanda pardon, puis elle réclama qu'on lui dise les prières
des agonisants.

« L'émotion était telle que personne n'en
avait le courage. Ce fut la pauvre Marie, toute
tremblante, qui les lut.

« En se retirant, elle dit au revoir à la malade, lui promettant sa visite pour le lendemain matin. — « Demain, je ne serai plus là, » répondit Mme Tronel. Et en effet, à 6 heures 1/2 du matin, elle s'éteignit, en parfaite connaissance, après avoir encore répondu, à 6 heures, à la sœur qui la gardait ; mais on ne put l'entendre.

« Elle a quitté ce monde d'une manière paisible et pour l'âme et pour le corps.

« Belle et sainte vie ! Belle et sainte mort !

« Tout est fini ici-bas, mais tout commence là-haut, et ce sera un éternel bonheur. »

Les deux survivants ne devaient pas tarder à aller rejoindre ceux qui les avaient devancés. M. Tronel mourait, la même année, muni des Sacrements de l'Eglise, le 25 octobre 1896, et M. Seigneuré, le grand-oncle de Madeleine, s'éteignait le 28 novembre 1897. Il avait tenu sa promesse. De lui-même, il fit appeler un prêtre, se confessa et reçut les derniers Sacrements.

Ainsi les désirs de Madeleine, Sœur Marie de Saint-Joseph, étaient réalisés, le divin Jésus avait exaucé ses vœux : les trois pécheurs étaient morts réconciliés avec Dieu.

Heureuses les familles qui se reforment au ciel !

EXTRAITS DU JOURNAL

DE

MADELEINE

17 Mars 1888. — Tout est triste. — Le printemps s'était fait annoncer par le chant des oiseaux, les rayons d'un beau soleil, la chaleur de l'atmosphère, et la nature préparait sa toilette pour le recevoir, nous laissant entrevoir déjà la promesse des espérances, répandant avec amour et à profusion les sources de vie nouvelle qui la doivent ressusciter. Mais voilà que tout se tait de nouveau, que la terre reprend son voile de tristesse, voilà que le vent siffle, la neige qui tourbillonne, le ciel qui reprend sa

teinte sombre et mélancolique. C'est l'hiver
revenu, l'hiver à l'approche glacé, menaçant,
l'hiver qui fait gémir et trembler la misère,
qu'on voudrait loin et qui tient la place en se
moquant de nos pauvres désirs. Que ceux auxquels il apporte des fêtes lui donnent leurs
regrets, moi, dans ma solitude, je n'aime que
les beaux jours, ceux qui laissent à mon âme sa
joie et la font se répandre au dehors, pour y
trouver espoir et vie!

C'est l'hiver! Et là aussi, n'est-ce point l'hiver? Mon Dieu, qu'ai-je rêvé, qu'ai-je voulu?

Ce que j'avais rêvé, c'était de me donner
à vous, de laisser mes désirs monter jusqu'à
l'infini, de sentir votre amour divin ouvrir en
mon cœur des sources de vie, de voir les
vertus fleurir pour satisfaire votre regard, de
promettre des fruits de dévouement, de soumission, des fruits abondants et sans amertume...

Ce que j'avais voulu, c'était de m'enivrer
aux sources d'eau vive, moi dont la soif était
ardente, d'y creuser plus profond l'abîme de
mes rêves, pour que vous seul, mon Dieu,
vous que je ne connais pas, que je ne sais pas,
que je n'aime pas, mais dont l'existence en
moi-même m'est révélée pour mon bonheur ou
ma souffrance, vous puissiez combler cette
immensité, remplir ce que vous avez fait
comme vous sans limites, rassasier une faim
que toutes les autres choses n'ont fait qu'irriter.

Ce que je voulais encore, c'était de m'approcher
de votre cœur très saint, d'y déposer le mien,
« ma pierre, mon rocher », de l'attendrir avec
vos larmes, de le fortifier avec votre sang, le
réchauffer avec vos flammes. Mais c'est l'hiver !
toujours l'hiver ! La branche est restée sèche et
dépouillée. Le ciel de mon âme ne s'est pas
embelli.

..... J'ai dit que j'avais froid, que j'errais
sans lumière, sans rayon, que je n'espérais rien
encore. J'ai marché, j'ai fait un chemin bien
long, mais, où en suis-je rendue ! Où devrais-je
tomber ? Je sais bien qu'en partant j'allais vite,
le cœur content, la volonté forte, je sais que je
quittais des lieux bien malsains, bien déserts,
bien durs à habiter ; je sais que j'emportais des
espérances et des promesses, qui me rendaient
la route facile, mais aujourd'hui, je ne sais
plus.... Irai-je plus loin ? Vous ne m'appelez
pas.... Redescendrai-je ? Il m'en coûterait trop
pour arriver là, pour suivre maintenant une
autre voix que la vôtre, pour me donner plei-
nement à un autre qu'à vous. Mon Dieu, j'ai
peur de moi, peur de vous laisser, peur d'abandonner un instant votre main. Vous le savez,
vous le voyez, je ne veux à cette heure qu'une
chose unique, et cette chose, ce n'est pas la
beauté que j'osais autrefois rêver, ce n'est pas
la richesse, ce n'est pas l'orgueil du rang et de
la naissance, que je convoitais, ce n'est pas de
pouvoir faire beaucoup comme j'avais deman-

dé, ce n'est pas même d'aimer beaucoup, rêve de mes rêves, désir constant que vous pouvez remplir, source de bonheur que vous pouvez creuser, non, cette seule chose qu'un cœur humilié vous demande, c'est de connaître, d'aimer et de servir votre vouloir divin, dans tout ce qu'il exigera de moi.

2 Avril 1888. — Voici enfin le ciel pur, après de si longs mauvais jours! J'en veux jouir. Je m'unirai à cette fête que donne le printemps; j'y porterai toute mon âme, je la réchaufferai elle aussi aux rayons de ce beau soleil. Et je la sentirai vivre, et des fleurs nouvelles l'embellir, et j'aurai désappris la tristesse! Chantez, chantez encore, heureux peuples de l'air! Je voudrais votre voix, je voudrais vos accents. Ah! je voudrais surtout vos ailes!...

Dites, où peut-on voler ainsi librement? Où se sentir aussi heureux? Dites-moi, le bonheur, n'est-ce qu'un vain songe? Ce songe, l'aurai-je ou le dois-je fuir? Qu'est-ce que la vie, notre vie à nous? Vous n'en savez rien... Vous ne connaissez pas nos misères, nos ardeurs, nos doutes, nos recherches, nos douloureuses craintes, mais vous ne savez pas non plus notre espoir, vous ne savez pas, comme nous, qui vous êtes... Vous ignorez qui vous a faits, vous chantez Dieu sans le connaître, mais nous qui le cherchons, nous le pouvons apprendre, aimer et servir, avec toute notre âme. Nous sommes

aimés de Lui ; il apaise notre faim en se donnant lui-même. Il irrite notre soif pour la mieux
contenter.

C'est pour aller plus vite à Lui que je voudrais vos jeunes ailes, car celles qui me portent
là-Haut me manquent, j'ai trop perdu, dans mes
courses folles, la foi qui soutient, l'espérance
qui console, l'amour qui enflamme, et c'est
pourquoi je me traîne faible et malheureuse....
Oh ! qui me donnera d'aimer !

2 Juin 1888. — J'éprouve comme le sentiment intime que Dieu se rapproche toujours
davantage de moi, qu'Il m'unit à Lui, qu'Il
travaille pour me fortifier, me former, qu'Il
veille sur moi et me soutient.

Si je pouvais suivre quelqu'un de très aimé,
sans jamais plus m'en séparer, qu'importerait
la beauté des lieux, la longueur de la route,
l'aridité du chemin ! Que ferait même le long
silence qu'il voudrait garder avec moi, si je le
savais là, si je pouvais l'y voir, si je lui mon-
trais mon amour, en ne le quittant jamais, en
répondant à ses désirs !

Eh bien ! n'en suis-je pas un peu là ? Je
marche dans un vrai désert, mais j'espère y
suivre Jésus. Il ne me parle pas, Il me regarde
à peine, mais je me tiens près de Lui et j'attends. Quand je suis fatiguée, un regard vers
Lui me relève ; quand je tremble, je me rapproche encore, et, sans m'en rendre compte, le

temps fuit et le chemin se fait, jusqu'à ce que vienne l'heure de Dieu, jusqu'à ce que se présente un lieu de repos et de recueillement pour mon âme, jusqu'à ce que ma prière ait forcé l'asile de son cœur.

Forcer son cœur à m'exaucer! C'est cela que je veux faire. Je ne sais pas prier, je ne sais pas demander ; si je frappais plus souvent, Dieu finirait bien par m'ouvrir. A défaut de paroles, qui trop souvent me manquent, je lui offrirai mes efforts et mes soupirs, je lui présenterai tout, jusqu'à ma souffrance, quand mon cœur se sent oppressé, qu'il se resserre et que, regardant ce chemin bien dur, il se dit : « Mais où vais-je ainsi? »

15 Juin 1888. — Tout quitter, sans regarder en arrière, sans regretter, sans reprendre jamais tout ce qu'on a et ce qu'on pourrait avoir, ce dont on jouit et dont on a l'espérance de jouir dans la suite.... Quitter tout cela et se quitter soi-même, sa volonté, sa liberté, voilà ce que le Maître exige de ses préférés, de ceux qu'Il destine à la conquête des âmes.

Seigneur, si jamais votre puissant et très adoré *Veni* se fait entendre à mon âme, fortifiez ma volonté et rendez-la généreuse et constante.

17 Juin 1888. — Il y a un ciel où Dieu se voit, et où l'âme connaît Dieu, où l'amour de Dieu fait tout le bonheur....

Il y a un ciel tout près de moi, avec des promesses infinies de gloire, d'éternité, de vie complète, de joie sans fin, et je ne regarderai pas ce ciel, et je n'y jetterai pas mon ancre, et je ne prendrai pas la Croix, pour suivre Jésus à travers les aspérités du chemin ?

Trinité sainte, vous qui êtes mon Dieu, ayez pitié de cette âme qui vous prie. Donnez à sa soif votre vérité, votre lumière.

Venez la chercher pour l'enlever à tout ce qui est petit, terrestre, à tout ce qui l'occupe, la trouble. Soyez mon bonheur, soyez ma vie, soyez mon amour, soyez ma richesse, soyez mon seul espoir !

Un grand de la terre était descendu chez un enfant. Il l'avait trouvé s'amusant à des riens, et quittant à peine son jouet à l'arrivée de ce puissant Roi. Les Seigneurs qui l'entouraient, s'étonnant de la faveur accordée et du peu d'attention de celui qui la recevait, en avaient murmuré. Mais lui, le Prince, regardant sans colère l'indifférence du pauvre petit, pardonnant le peu de soin qu'on apportait à sa réception, avait ouvert les trésors de sa bourse et ceux de son cœur, car il aimait, ce roi, il aimait en Père, il prodiguait caresses et dons, il multipliait les avances, il nourrissait, changeait les habits, parait la demeure. Et l'enfant se taisait toujours, attendant presque dans l'impatience que l'heure du départ ait sonné, ignorant qui s'était présenté, qui sa bassesse avait reçu.

Hélas! mon Dieu, vous connaissez ce pauvre, vous l'avez vu, ce matin, vos anges près de moi s'étonnaient de votre bonté, ils s'indignaient de ma négligence, ils plaignaient ma froideur, et vous, mon Père, vous n'écoutiez que votre amour, rien que cela; vous donniez encore, quand je ne demandais plus, vous vous penchiez bien bas, vous réchauffiez ce cœur glacé, vous apportiez votre vie, vous avez donné jusqu'à votre sang pour me ranimer, et c'est en vous que je suis maintenant, que je respire, que j'aime, que je prie; mon néant est caché dans votre grandeur, j'ai reçu votre force et je marche à mon but.

21 Juin 1888.— Il est une chose qui m'étonne, c'est qu'étant si peu disposée au bien, à la générosité, par nature, j'éprouve parfois comme la passion du beau, le mépris pour tout ce qui est médiocre, imparfait, petit, pour moi, pour mon âme surtout; et ce mépris, cette honte d'être ce que je suis, ce regret de ne pas voir ailleurs la grandeur et la perfection qu'il me faudrait trouver sont peut-être mes pensées les plus habituelles et celles qui m'apportent le plus de tristesse. Il n'est que la vie des âmes qui ont aimé Dieu, la vie des Saints (ou encore les pages de certains beaux livres), capables d'éloigner ce désenchantement. Alors tout à coup, je vois une vie qui se puise à de nouvelles sources, je vois la lumière sans qu'elle me brûle, j'ai saisi quelque

chose de fort, de vrai, un soutien, un espoir, je monte, j'ai toutes mes forces, je sais pourquoi je suis faite, je comprends ce que je veux.....

Oh! mon pauvre cœur, écoute-moi ce soir, écoute bien ce que j'entends : Tu ne seras jamais heureuse que si tu te donnes tout à Dieu, et sans retour vers toi. Pourquoi cela? — D'un côté, tu me sembles trop faible, pour lutter contre toutes les déceptions qui t'attendent, pour ne point te glacer au contact de la froideur, pour ne point te fatiguer de ton aveuglement et ne pas demander à voir ce qui tuerait ton amour; de l'autre, tu me parais trop grand, pour être rempli par tous ces biens d'un jour, trop dédaigneux pour ce qui n'est que la jouissance à demi, pour t'en contenter longtemps, trop affamé pour ne pas te jeter comme un furieux à faire ton propre malheur.

Laisse-moi te dire qu'il est un cœur incomparablement supérieur à tout ce que tu as rêvé, assez puissant pour te donner du sien, pour te communiquer sa propre bonté, assez bon pour prendre en pitié ta nature, la changer, la tourner au bien, en faire quelque chose de bon. Oui! avec ce cœur pour maître, tu pourras valoir quelque chose; mais si tu en demandes un autre, ce sera lui et toi malheureux.

Il ne s'agit plus de douter, ce cœur, ce Dieu, ce Jésus existe, et quoi qu'en dise le diable, il t'aime tendrement, il t'aime plus que tu ne peux t'aimer toi-même, et veut ton bonheur :

il veut que tu deviennes une grande et belle
âme, à son école et avec son secours. Dis-lui
que tu ne veux rien, absolument rien, mais don-
ne-toi quand même. Dans le bois vermoulu, il
logera sa croix d'or, il te renouvellera par le
sacrifice.

30 Juin 1888. — « J'ai pitié de ce peuple....
Ils me suivent et ils n'ont pas de pain !...»
Ayez encore pitié, Jésus, donnez, parlez, montrez-vous : que je vous sente avec moi, ou plutôt, que je me sente près de vous, c'est tout ce
que je demande.

Je n'avais plus de provisions, quand j'ai pris
votre suite ; l'ennemi me les avait enlevées,
sans doute, et voilà que j'ai faim, bien faim !
Rassasiez-moi, Jésus, mais rassasiez-moi tout
seul, je vous veux ! Pourquoi vous cacher encore? Si j'ai péché, si j'ai méprisé, n'êtes-vous donc
plus tout amour, tout pardon? Où faut-il aller,
pour aller avec vous, pour vous suivre, pour
m'attacher à vous, avec des chaînes qui tiennent
pour toujours? Pourquoi avez-vous mis, dans
mon cœur, cette incapacité du bonheur? Pourquoi mon impuissance à me rendre heureuse?...
Pourquoi ce besoin d'aller plus loin... de me
faire d'autres horizons? Pourquoi cette pensée
du temps qui s'en va, et de l'infini qui attire?...
Pourquoi n'ai-je pas bâti mon existence à venir,
sur un terrain facile, pourquoi le besoin de voir
ailleurs, de monter, de ne point m'arrêter à

cueillir des fleurs, mais de précipiter ma marche, vers l'Eternité, vers le ciel? Pourquoi me semble-t-il que porter ailleurs mes désirs, c'est presque tomber de ce ciel et me vouer au regret, à la souffrance? Pourquoi le dévouement me paraît-il le seul vrai, le seul beau? Pourquoi suis-je si ambitieuse de sainteté, quand c'est vous seulement qui faites les Saints, mon Dieu, et que vous ne parlez qu'aux privilégiées, aux bénies de votre divin Cœur? Pourquoi ces désirs qui m'enlèvent?... Je veux tout savoir, ô mon Dieu, je veux aller au bout du chemin, je veux jeûner encore s'il le faut, je veux vous trouver, je veux lire tout ce que vous avez fait pour moi, je veux me dire que vous m'aimez, et que vous m'aimez comme jamais créature ne saurait m'aimer.

Que de bonheur dans cette liberté recouvrée! Autrefois, quand Dieu frappait, je ne pouvais le faire entrer, rien de ce qui occupait mon cœur n'en voulait, mais aujourd'hui comme il fait bon le sentir Maître et Roi, sans rien qui me rattache ailleurs qu'à lui-même, pouvoir lui dire : Si vous voulez tout, prenez tout ; il n'est plus partie en mon âme, qui se refuse à porter votre joug.

6 Juillet 1888. — *Anniversaire de mon baptême.*

Quand on m'apportait toute petite enfant aux pieds de vos autels, pour que mon âme y soit

baignée dans votre sang, combien vous deviez
m'aimer, mon Sauveur ! Comme vous étiez heureux de jeter cette semence de grâces, données
sans mesure à celle qui devait pourtant les
recevoir en ingrate !

Vous voyiez cela, ces années d'abandon, du
fond de votre tabernacle, où vous pensiez à moi :
mais vous avez dû voir aussi, Jésus, qu'un jour
bienheureux, vaincue enfin par votre amour,
cette âme viendrait plonger une seconde fois sa
robe souillée, dans le sang divin, qu'elle repren-
drait ses chaînes en ce jour, qu'elle renouvel-
lerait le serment d'être à vous, et la promesse
qu'elle avait violée. Vous avez dû voir, ce matin
du 6 juillet 1888, vingt et un ans après celui
de son baptême, qui la met à vos pieds, la main
sur une page de votre Evangile, le cœur et la
parole parlant à la fois, pour répéter à la face
du ciel, des Anges et des Saints : « Moi, Madeleine, je renonce à Satan, à ses pompes et à ses
œuvres, et je m'attache à Jésus-Christ pour
toujours. »

11 Juillet 1888. — J'ai vu, j'ai touché la mort,
je l'ai contemplée longuement... Elle n'avait
pas, là, ce caractère effrayant qui nous en éloigne, elle était plutôt majestueuse et belle ; mais
c'était bien la mort... Je veux revoir ces traits
chéris, que l'œil même de sa mère ne peut plus
contempler, cette immobilité, cet air calme, re-
posé, heureux, ces mains jointes, ce Christ,

ces objets bénis, tout cet ensemble si beau, où
la foi et l'innocence répandaient, l'une son parfum, l'autre son espoir. Oh! qu'il fait bon mourir, lorsqu'on a cru en Dieu! La mort, qu'est-ce
donc, si ce n'est pas l'instant béni où ce Dieu
infini, qui se dérobe sur terre à nos étreintes, se
montre à l'âme et la remplit de son immensité?
Qu'est-ce donc, si ce n'est pas le lieu de passage
où Jésus nous attend le cœur tout ouvert et où
il dit : « Vous qui m'avez aimé, venez, je vous
attendais! » Il m'attend, là, mon Dieu, comme
il nous attend tous; que ce moment doit être
beau !

Elève-toi, ma pauvre âme, regarde ce qu'est
la vie, ce qu'est la terre, ce que sera, demain,
ce corps livré aux bêtes de la tombe; et surtout
regarde en haut, au ciel, ce que pourra bien
être l'embrassement éternel qui devra t'unir à
ton Dieu : Vois ce qui t'est promis, travaille,
espère, aime et ne refuse jamais rien, plutôt
que de faiblir. Mais jusqu'à ce que Dieu lui-
même jette en mon cœur la force, combattons
jour par jour, et travaillons pour Lui, avec Lui,
cherchant une seule chose : l'aimer davantage
et lui rester fidèle.

Dieu est ! Dieu m'aime ! Dieu peut tout !
Je veux Dieu !

9 Septembre 1888. — Il est un drapeau que
j'arbore, il est une loi, une seule, que je consens
à suivre, il est un avenir que j'espère, il est un

bien que j'attends, et cette bannière est celle
de Jésus, cette loi, c'est sa volonté, cet avenir,
son divin amour, ce bien, l'union de mon cœur
au sien par l'Eucharistie, jusqu'au ciel ! Après
cela, qu'importe le reste ? Je donne chacun de
mes jours, chacune de mes œuvres, chacun de
mes désirs à sa gloire, je lui peux tout sacrifier
et n'offrir qu'à Lui tout moi-même.

Bonheur intime, durable et profond, je suis
livrée, corps, âme, volonté, à la même passion
généreuse, qui s'alimente au cœur d'un Dieu !

Pas de déception ! pas de changement ! pas de
partage ! Espoir sans fin, bonheur sans trouble,
vie forte et véritable, part la meilleure que,
malgré ma grande misère, le Dieu tout amour
a daigné m'offrir !

Je la prends, mon Dieu, je la reçois, je l'embrasse, avec ses épines, avec ses sacrifices ;
vous êtes à moi et vous pouvez tout !

30 Septembre 1888. — Ce matin, j'ai prié
pour les âmes souffrantes. Que c'est beau, cette
messe des morts, ces chants tristes, ces orne-
ments de deuil, cette voix de l'Eglise qui pleure
ses enfants ! Quelles sont touchantes les suppli-
cations, les prières ! Et combien l'on est touché
de sa grande misère en chantant le Kyrie ! Finir,
disparaître, ce n'est plus triste, quand on pense
à la Patrie, au bon Jésus, à tout ce qu'on trou-
vera là-haut !

La mort ! Mais c'est l'envoyée de Dieu, mais

je la bénis, mais je l'aime! Oui! je l'aime, parce
que c'est après elle seulement que je saurai
combien mon Jésus est beau, parce qu'il me sera
devenu impossible de l'offenser et de lui déplaire,
parce que c'est à ce passage qu'il m'attend, moi
sa pauvre infirme d'autrefois, pour me donner
le baiser d'amour. Les baisers de Jésus! Le
Paradis! C'est déjà sur terre notre Eucharistie,
dernier terme, dernier mot du plus prodigieux
des amours, patrie dans l'exil, résurrection de
l'âme, gage de l'état glorieux du corps renouvelé pour une jouissance éternelle; céleste ivres-
se qui arrache l'âme aux basses convoitises de
la chair, et la pousse aux actes d'une vie supérieure, torrent de délices qui envahit, agrandit
les rivages du cœur, source toujours nouvelle et
toujours efficace d'un surcroît de lumières, de
grâces et de forces!

L'Eucharistie! vie de la vie, école où l'on
apprend à connaître, à aimer, à vouloir, à servir
son Dieu!... Pain vivant, pain délicieux, après
lequel on dit à l'âme plus vaillante : « Courage
et confiance, en avant toujours! »

L'Epoux céleste appelle les âmes en les bles-
sant et il les blesse en les appelant, de cette
blessure qui laisse au cœur l'amour non satisfait.

La voie du salut est facile, il suffit d'aimer,
non pas à la surface, par un semblant de vie
dévouée, mais en se plongeant dans tout ce
qui n'est pas la nature, dans le sacrifice, dans

Jésus, dans le Sacré-Cœur ! Se plonger, ô mon âme, quelles délices !... être engloutie dans son amour !... Dans un amour si fort qu'il ne craint pas la mort, dans un amour si grand que l'immensité ne lui saurait suffire, dans un amour si puissant, si durable que l'Eternité le verra toujours le même et toujours renouvelé, que rien n'enlèvera mon bonheur.

Aimer, prier, souffrir sur terre ;
Aimer et contempler dans le ciel !

2 Novembre 1888. — *Fête des morts.*

Fête touchante qui parle au cœur. Ce matin, sous un ciel bien gris, nous entrions au cimetière, en chantant les derniers versets du *Miserere*. J'y allais de toute mon âme, je n'y trouvais que de l'espoir.... Je vois encore notre procession arrêtée par la grande Croix, le groupe des chanteuses faisant monter vers le ciel le cri de la misère : *De profundis....* chaque pèlerin de la terre parcourant, le front plus ou moins triste, le vaste champ des morts, cherchant des yeux la place occupée par les débris de ses vieilles affections, puis tombant à genoux sur cette tombe, y laissant couler les larmes, envoyant sa prière au ciel.

Pauvres morts, combien peu savent vous regretter ! Que d'oublis et que de froideurs, que d'indifférence pour votre nouvelle destinée, que de pleurs, que de sanglots qui s'échappent en vain !

Qu'est-ce donc cet homme dont l'orgueil vient
échouer, ici? Qu'est-il en vérité cet être si grand,
dont la place sous le ciel est si peu de chose,
et qui fixe pour toujours sa demeure au sein
de cette pauvre terre qui le porta un jour? La
mort est seule maîtresse, seule régente en ce
monde; elle frappe et nous pleurons.... Nous
nous relevons.... C'est nous qu'elle a marqués.
Et, chaque année, le prêtre, s'avançant au milieu
des tombes, a de nouvelles fosses à bénir, chaque année, de nouveaux noms viennent grossir
la liste des morts, jusqu'à ce que d'autres yeux
viennent lire après nous celui que nous portons,
qui ne sera pas le dernier inscrit, mais flottera
comme les autres sur le fleuve de l'oubli.

Quelle paix! Quelle égalité! Quel sommeil!
Plusieurs générations reposent dans ce lieu,
sans en troubler l'effrayant silence.

Je contemple et j'écoute... Là-bas, au delà du
paysage d'automne, des feuilles rouillées que le
moindre souffle abat tristement, la solitude, le
froid que produit l'annonce de l'hiver, puis, tout
autour, des monuments, des tertres gazonnés
ou de fraîches tombes encore mouillées de
pleurs, le passé se dressant pour démasquer
l'avenir, arracher au présent ses trompeuses
illusions; ceux qu'on appelle du nom de vivants,
et qui déjà semblent à peine des ombres, appor-
tant à la mort le tribut d'un cœur brisé, et
lui demandant compte de cette vie qu'elle a
prise, de ces espérances qu'un moment a dé-

truites ; partout la croix, signe de douleur, gage
d'espoir, emblème de notre foi, partout l'appel
du Christ qui nous a sauvés par elle, et qui ne
peut pas nous laisser mourir. Non, Jésus, cette
humanité tombée tristement, elle n'est pas
morte, elle n'est qu'endormie ; un souffle de vos
lèvres va la réveiller. C'est trop peu dire, elle
vit, elle vit là-haut dans la lumière, quand nous,
qui sommes encore les mortels, nous nous agi-
tons dans les ténèbres ; elle plonge dans ce qui,
pour nous, est l'au delà, le mystérieux, l'inconnu ; elle connaît tout, elle a vu Dieu ; elle se repose, la course est faite, la voilà rendue, tandis
que nos pieds foulent encore le triste chemin.

Demain, quand nous l'allons rejoindre, la même destinée va s'ouvrir pour nous, destinée
éternelle et sublime, qui va plus loin que cette
terre où les corps se décomposent, où les cris
sont si douloureux ; demain, ce sont vos bras
qui nous attendent, votre cœur qui nous trouve,
votre amour qui cherche un moyen de nous
accabler de bonheur ; demain, c'est le prix des
plus grands sacrifices, l'évanouissement des rêves et la conquête éclatante de la seule vérité ;
mais, dès aujourd'hui, mon Jésus, oui, c'est
déjà la paix, le bonheur, l'heureux dépouille-
ment et la joie sans mélange, sans terme et
sans rivale, de n'attacher qu'à vous son cœur !

21 Novembre 1888. — *Présentation de Marie
au Temple.*

Le terme de son amour était nécessairement une immolation, une donation sans limites ; combien la très sainte enfant soupirait
après le moment qui la devait séparer de tout
le créé, et lui rendre plus facile, plus parfait,
s'il était possible, un dévouement à Dieu sans
partage et sans retour ! Oh ! oui, se dévouer, par
ce qu'elle aimait, se dévouer pour ce qu'elle aimait, se dévouer à ce qu'elle aimait, était l'aspi-
ration incessante de l'âme ardente de la très pure
enfant... Elle avait hâte de formuler, par un acte
solennel, cette consécration de toute elle-même,
qu'elle renouvelait à chaque battement de son
cœur immaculé.

Heureuses les âmes qui, elles aussi, sont ap-
pelées à se séparer de tout ce qui nuit à l'union
avec Dieu, aux vues qu'Il a sur elles...

Bienheureuses celles qui entendent le *Veni*
divin ! Elles ont le centuple promis par l'Evangile, et les misères d'ici-bas ne les atteignent qu'à
distance.... Leur bonheur est vraiment inef-
fable en tout temps ; et, quand l'heure suprême
est arrivée, l'Epouse de Jésus-Christ dit encore :
Tout est paix, tout est joie, au rivage où j'a-
borde, je me perds dans l'immensité du Cœur
de Jésus ! Et la mort vient consommer son unité.
Notre-Seigneur lui-même vient la chercher,
pour qu'elle le suive partout où il ira.

Mère admirable, priez pour moi, afin que
j'aie le courage de rompre mes liens, de me séparer, de fuir et de me retirer, jusqu'au dernier

de mes jours, dans le creux du rocher, dans
votre Cœur immaculé, dans le Cœur sacré de
Jésus !

2 Décembre 1888. — 1ᵉʳ *Dimanche de l'A-
vent.*

Je suis allée recevoir Jésus Bienfaiteur, afin
de lui offrir les actions de grâces de mon cœur,
en cette première communion du mois de décembre. Je l'ai prié aussi pour tous mes bien-
faiteurs, pour ceux auxquels je dois le grand
don, qui ont travaillé au salut de mon âme.

C'est un beau jour, aujourd'hui, un jour
d'allégresse et d'amour, le jour béni de la reconnaissance !

Comme vous avez été bon, l'an dernier, mon
Jésus ! En ces jours, j'étais encore loin, je lut-
tais contre vous, c'étaient les derniers combats,
les dernières résistances...

Mais qui a mis dans mon cœur ces premiers
désirs, ce vouloir ? Qui a préparé les voies avec
tant de soin, et depuis un long temps déjà ? Qui
a semé les appels, les grâces, et donné à mon
âme les moyens du retour ? — Oh ! c'est vous,
vous seul, mon Dieu, qui n'aviez cependant
nul besoin de moi, vous à qui, dans ma grande
misère, tout ingrate que j'étais, j'ai fait encore
pitié, vous qui, à l'heure du salut, vous êtes
mis sur mon chemin, m'avez arrêtée, m'avez
priée, m'avez dit : « Reviens à moi, reviens au
bonheur ! » Vous que j'ai reconnu, vous qui

étiez mon Père, qui me tendiez les bras et sur
le cœur duquel je suis tombée, blessée, mou-
rante, mais libre désormais et pour toujours à
vous !...

Et je les ai nommés eux tous qui m'ont fait du
bien : lui, le premier, lui, le Père de mon âme,
pour lequel j'implorais une grâce au plus intime du Sacré-Cœur ; elle, ma mère, qui ne m'a
pas seulement donné la vie, mais a nourri mon
âme, lui a obtenu son bonheur, par tant de
soins, de leçons, de sollicitude, de conseils, de
prières et de larmes... Bénie soit-elle, oh ! oui,
bénie, bénie ! L'ange visible était aussi là, son
travail a été payé, comme le Maître si riche, si
généreux sait le faire. Quelle attention délicate
de la Providence, qui se servit d'elle pour m'ouvrir ces deux portes... qui lui fit si bien remplir son rôle de protectrice.

Elles étaient là aussi, ces âmes qui ont formé
la mienne, qui ont préparé les plus grands
actes de ma vie, celles même qui me faisaient
souffrir contribuaient ainsi au bien de mon
âme... Pour eux tous, je vais m'acquitter, je
paie avec le sang et le Cœur de Jésus.

Quelle monnaie !

10 Mars 1889. — Un jour de printemps... du
soleil, des oiseaux, des chants, un air pur, le
départ des bourgeons, la chaleur et la vie pénè-
trent partout ; je viens de jouir de toutes ces
belles choses. J'ai cueilli des violettes embau-

mées, j'ai vu des papillons, j'ai suivi des ber-
geronnettes, j'ai entendu qu'on était heureux
chez le petit peuple du bois, que les cœurs bat-
taient comme les ailes, qu'on chantait pour Dieu
avec beaucoup d'ardeur, que les amis se retrou-
vaient, et que la fête était belle...

J'ai senti en moi que tout y répondait. Une
paix sans nuage, une confiance entière rem-
plissaient mon âme de l'unique bonheur. Je
poursuivais de la pensée le grand rêve qui,
aujourd'hui, contient ma vie, je me voyais disposée à tout, sûre de Dieu, certaine d'avoir la
réponse demandée, forte devant l'avenir d'un
invincible espoir...

5 Avril 1889. — 1ᵉʳ *Vendredi du mois. Fête
du Précieux Sang.*

Pendant ma méditation et aux pieds de Jésus-
Eucharistie, la sainte Vierge m'a fait une grande
promesse bien précieuse. « Mère, lui disais-je,
je veux suivre Jésus; j'ai pris ma croix, mais
voyez ma tristesse, écoutez ma plainte : est-ce
que jamais je n'arriverai à l'aimer, comme il
faut que je l'aime? Il me donne tout et je n'ai
rien à rendre. Bonne Mère, consolez-moi. »

— « Mon enfant, courage et patience ; oui, tu
l'aimeras, je te le promets. »

Et j'ai dit à Jésus ce qu'avait dit sa divine
Mère, et Il m'a parlé lui aussi : « Mais, je suis
là pour cela; mais j'ai tout fait dans ce but,
j'ai donné mon sang, sacrifié ma vie, offert tout

mon amour sans chercher autre chose que d'arriver à ce que tu m'aimes. Et, maintenant, cessant de travailler, je te refuserais l'aide que tu demandes! allons donc, ouvre les yeux de ton âme et comprends : ce que j'ai voulu, je ne puis que le vouloir encore, et quand j'ai donné, c'est pour le faire de plus en plus généreusement. »

Alors, me plaçant entre Jésus ensanglanté et Marie tout en larmes, dans la rencontre du chemin douloureux qui menait au Calvaire, je me suis de nouveau condamnée à mort... J'ai passé cet acte dans le cœur de ma Mère, avec le sang de Jésus, lui demandant que s'il ne m'avait pas toute, absolument bien à Lui, de s'emparer de moi par un dernier assaut d'amour.

Puis, je l'ai reçu dans ma triste demeure et j'ai vu ce grand Roi, que la gloire du ciel entoure, qui reçoit de si brillants hommages et communique avec les cœurs si riches des Saints, descendre au plus humble village, dans la plus pauvre maison, chez la plus ignorante de toutes ses servantes. Et m'humiliant, j'ai dit: *Ecce Ancilla...* Il m'apportait son sang ; mais, n'ayant d'autre vase pour le recevoir que mon indigne et petit cœur, je suis allée emprunter le cœur de Marie et celui de Joseph, et ce sont eux qui gardent mon trésor.

16 Avril 1889. — *In manus tuas, Domine, commendo spiritum meum.*

Père, je remets mon âme entre vos mains,
non pas seulement mon âme, mais mon corps,
mes biens, mes espérances, mon avenir, tous
mes jours.

Père, j'accepte librement la mort envoyée
par vous ; je veux les souffrances que vous
voulez pour moi avant que je m'en aille ; j'accepte les humiliations qui doivent accompagner et suivre la destruction de mon être et sa
désorganisation. Je remets mon dernier soupir
à votre Sacré-Cœur, je vous prie d'en faire misé-
ricordieusement l'acte d'amour le plus pur, le
plus parfait, le plus brûlant de ma vie, je vous
demande de vouloir bien l'unir à celui qui em-
porta votre âme, quand « tout fut consommé ».

Je vous donne aussi les âmes des miens, ces
pauvres mortes à votre grâce.

Vous ne pouvez pas les recevoir ainsi, il faut
les guérir, leur rendre la vie, puis vous les pren-
drez, car vous les aimez, cœur infiniment bon
de Jésus, car pour elles, autrefois, vous avez
bien souffert... Ouvrez-vous, laissez entrer tous
ces pécheurs, et que la vertu de votre sang
divin les ranime et les purifie.

Je suis l'enfant « aveugle » de votre Providence. Une mère qui devrait conduire un pauvre petit être qu'elle aime, qui se confie à elle,
lui a tendu la main, n'aurait-elle pas plus d'attentions, de soins et de tendresse, si cet enfant
ne pouvait jouir de la lumière et s'il ne voyait
pas son chemin ? Oh ! alors, de crainte que les

pierres de la route ne l'arrêtent, que les épines
ne le blessent, que l'ennemi ne l'attaque, que
la peur ne le prenne, elle le porterait dans ses
bras, elle marcherait pour lui et ne le déposerait
qu'en lieu sûr, sans l'abandonner un instant.
Ainsi fera, pour moi, le bon Jésus, au cœur plus
tendre mille fois que tous les cœurs si dévoués
de nos mères ; ainsi je bénéficierai de l'ignorance
absolue et des ténèbres de l'avenir. Je n'ai
qu'une chose à faire, l'attendre, le désirer, puis
me lever au premier signal...

A peine debout, une main aura pris la mienne, un bras puissant m'aura saisie, un cœur ja-
loux me gardera et m'enlèvera à tout ce qui n'est
pas Lui seul. Je souffrirai, il séchera mes larmes ; je le suivrai, il me donnera sa croix ; je
vivrai pour Lui, mais, pour moi, le premier,
il aura vécu, il aura souffert, il sera mort en
crucifié !

11 Mai 1889. — Je vieillis... On gagne à vieil-
lir de savoir la vie, d'en sentir les épines, d'apprendre le sérieux, le réel, la souffrance.

Faut-il regretter l'heureuse insouciance qui
laisse l'âme libre de papillonner à travers ce
qu'elle voit de fleurs ? Faut-il pleurer l'élan du
cœur ardent, emporté, bienheureux ? Je ne sais.
Il me semble que l'heure est venue de « bâtir
sur la pierre » et de me faire des forces pour le
combat, un remède pour les blessures. J'entre
dans la lutte journalière où l'on fait manœu-

vrer jusqu'au dernier ressort. Il me faut agir
ferme, vouloir généreusement. Trop longtemps,
je me suis sentie ballottée par le caprice, emportée par l'enthousiasme, prête à tomber,
quand je croyais mes ailes bien solides, et à
l'heure où je m'étais promis le plus bel essort;
trop longtemps j'ai compté sur moi, pour accomplir des devoirs qui me semblaient faciles...
Les jours passent, la vie s'en va, et je ne le savais pas!

Du courage, *Sursum Corda!* toujours en haut!
Soutenue de Dieu, emportée dans les bras de
Marie, les regards fixés sur le crucifix, mon tré-
sor, mon modèle, mon partage, mon amour!

14 Mai 1889. — Il faut souffrir!

Jésus s'est présenté, il est allé au-devant de
toutes les souffrances; il n'a rien trouvé de trop
pour manifester sa tendresse, pour offrir son
sacrifice.

Marie était là, préparée à recevoir le coup
douloureux, présentant son cœur au glaive qui
le devait percer.

Il faut souffrir! Je vais au-devant de toutes
les croix qui m'attendent, qui doivent infailli-
blement me tomber, je les reçois, je les embrasse et je les aime; je supplie mon Dieu de
vouloir bien, par compassion pour ma faiblesse, les accompagner de sa grâce, me donner avec
quoi les porter en épouse de Jésus-Christ.

Il faut souffrir! Point d'âme affranchie de cette loi, puisqu'elle atteint Marie elle-même, loi bienfaisante et douce, bonheur inconnu qu'ont goûté ceux qui pleurent, en se souvenant du Calvaire et en s'unissant à Jésus.

Il faut souffrir! La vie, notre vie est un combat de toutes les heures, une lutte sans fin qu'on ne peut traverser sans essuyer quelques blessures, sans que souvent le cœur se déchire cruellement. Et cette lutte finit par la mort, combat plus terrible, dernier déchirement qui achève la douleur.

La vie est un voyage pénible à travers le désert, la nuit sombre, et la terre une vallée de larmes, larmes amères dont la triple source est dans l'esprit, le cœur, le corps. Qui que vous soyez, vous souffrirez d'une de ces douleurs, peut-être des trois à la fois.

Vous pleurerez l'impuissance de votre esprit, vous supporterez, ou le doute, ou l'inquiétude, ou les ténèbres de l'intelligence, vous serez contredit, ballotté, incertain. Vous pleurerez aussi l'impuissance de votre cœur à se satisfaire, vous souffrirez parce que vous aimez trop ou parce que vous aimez trop peu, vous rencontrerez des séparations aussi terribles que celles de la mort, vous tremblerez, vous étoufferez, vous chercherez en vain la cause de vos pleurs...

Vous souffrirez aussi dans le corps des tourments qui paralyseront l'âme, des tortures qui lui arracheront des cris et des plaintes...

Souffrez, pleurez; ne murmurez pas. La souf-

france est bonne, Dieu l'a voulue, Jésus l'a choisie pour partage, et c'est la croix qu'il donne à
ses plus grands amis. Il faut souffrir ! *Fiat !*

24 Juin 1889. — Il est de ces jours de la vie
où tout arrive de travers, où rien ne peut plus
illuminer notre pauvre horizon, jours tristes
pour l'âme, qui souffre d'un malaise et d'une
contrainte qu'elle comprend à peine, jours de
grands mérites si l'on savait garder sa gaieté et
répondre au défi du sort.

Tout sort, en effet, n'est pour nous que le
bon vouloir d'une Providence infiniment juste,
infiniment bonne. Tout ce qui tombe sur le cœur,
le blesse ou l'égratigne, c'est l'instrument choisi
par Dieu, pour trancher où il convient et acti-
ver notre élan vers Lui.

Sécheresse de l'âme, froid intime qui glace
partout, impuissance à prier, appels vers Jésus
qui ne répond pas, trouble jeté par l'ennemi qui
veille sans cesse, doute affreux dont il attend
les effets, dégoût et froideur, même à la sainte
table ; volontés, désirs jetés de côté, renversés,
contredits, travail ennuyeux et pénible, manque
de loisirs pour exécuter ses projets, vie commune sans charme, cœur rentré, cœur qui souffre... tout cela, ce sont bien des épines tressées
par le bon Jésus. Et puis pour couronner la plus
grosse des déceptions, trois pages sans rien et
quelques mots si courts, quand j'avais espéré
bien fort... C'est la réponse du Sacré-Cœur. Oh !

mon Jésus, vous ne me gâtez pas aujourd'hui.
Vais-je me plaindre ? Mais non, soyez éternellement et universellement béni !

27 Juin 1889. — Jésus-Christ est mon Chef et
mon Roi. — Moi, par la plus miséricordieuse
des charités, je suis « petit soldat du Sacré-
Cœur ».

Engagée volontaire au service du Roi des
Rois, j'ai reçu, ce matin, mes ordres et j'ai passé
mon examen. Et que m'a-t-il dit, mon chef ?

« La lutte sera terrible, il faut souffrir et ne
jamais te plaindre qu'à moi ; il faut être bravement vaillante, mépriser l'estime des hommes,
chercher l'ombre pour bien faire, te prodiguer
partout. Où sont tes armes ? » — « Seigneur, je
n'ai qu'un bouclier de défense : mes livrées
d'Enfant de Marie. » — « Prends la Croix, elle sera
ton glaive, reçois l'amour et fais de la prière les
flèches qui perceront l'ennemi ; revêts le casque
de l'humilité et va sans peur. Si tu as besoin de
refuge, voici mon Sacré-Cœur, rien dans cet
asile ne pourra plus t'atteindre. Quitte des yeux,
le moins possible, ton étendard ; on meurt pour
garder le drapeau, mais on ne le quitte jamais,
l'abandonner serait indigne. Pars, mon enfant,
je te bénis, écoute ce cri de guerre: *Adveniat
regnum tuum !* c'est dans l'armée où tu entres
le signe de ralliement. »

Quand un soldat offre sa vie à la Patrie, il
quitte tout: famille, jouissances, repos, travail

chéri, bonheur ; il offre sa vie, dès le premier
instant, ne se réservant plus que le souci de bien
faire son devoir ; il ne regarde plus en arrière,
il marche, il va trouver le chef et, dans quelque
lieu que ses ordres l'envoient, courageux, il se
rend aussitôt, sans hésitation, sans recul. Ainsi
ses pas foulent le désert où la faim le tour-
mente, où la chaleur l'oppresse ; ainsi parfois
il passe de longs jours éloigné d'un centre d'action, à s'ennuyer dans une retraite, quand l'armée se bat sans lui. Les ordres reçus, la volonté
du chef, voilà ses maîtres, il n'en connaît plus
d'autres, il ne sait plus vouloir et marcher par
ailleurs, c'est à la patrie, non pas à l'ambition
et pas même à la gloire qu'il vient de donner
tous ses jours.

Mon Dieu, c'est à vous, à vous seulement que
j'offre les miens, envoyez-moi où vous voudrez,
placez-moi comme il vous plaira, laissez-moi
vous servir par amour, jusqu'au sacrifice du
sang !

15 Août 1889. — Vive la sainte Vierge !
Elle est ma mère, celle qui monte ainsi plus
haut que les montagnes, belle comme la lune,
éclatante comme le soleil, terrible comme une
armée rangée en bataille. Elle est ma mère !
C'est la toute-puissance à genoux ! C'est elle qui
prie et qui fait passer celle par qui Jésus ré-
pand ses bienfaits sur le monde.

Elle est ma Mère !

J'ai fait ma reprise de vœu le plus « profondément » possible. J'ai bien compris tous les mots,
je me suis unie à l'offrande de Marie au temple,
au premier sacrifice d'une virginité. Mais, entre
son âme et la mienne, toute la distance du lieu
le plus aride, le plus desséché de la terre, au plus
parfait bonheur, à la gloire la meilleure des
Cieux. Entre Marie et moi, la séparation de la
grande sainteté avec le pécheur, de la puissance
avec la faiblesse, de l'humilité avec l'orgueil, de
Jésus présent avec Jésus bien loin..... Et pour
réunir, pour combler l'immensité d'un amour
infiniment bon, qui reçoit ma goutte de fidélité
et d'amour, qui pardonne toutes mes erreurs,
me reçoit sous son manteau de Mère, me met
entre ses bras, pour mieux porter ma faiblesse,
et me serre sur son cœur. Marie, que vous êtes
bonne ! Oh ! oui, vous êtes bonne ! Que je meure
avant de vous déplaire, que je vous aime et
Jésus plus que tout ! Emportez-moi loin du
monde, près de Lui, non pas au lieu où vous
êtes (je n'ai rien fait encore pour le ciel), mais
au Paradis de la terre, où l'on vit, où l'on aime,
où l'on se dépense pour Jésus.

21 Août 1889. — « Pourquoi, ô mon Jésus,
m'avoir donné cette grâce ? » — « Mais, afin que
tu m'aimes davantage, afin de rendre grâce à
Dieu, mon Père, et le tien. Par l'humilité, tu ho-
nores sa grandeur ; par la prière, sa puissance ;
par la soumission, son autorité ; par le dépouil-

lement, sa fidélité ; par la souffrance, sa générosité ; par le don de ta vie, par le don de ton cœur, sa bonté, sa beauté, son amour. Parfum que j'embraserai et dirigerai moi-même vers le ciel. Tu rendras gloire à ton Créateur, pauvre petite fleur solitaire et sauvage, tu te faneras aux pieds du Très-Haut ; voix timide, souvent troublée, à laquelle s'unira la mienne, tu parviendras à te faire entendre de Celui qu'occupe la plus humble des prières, autant et plus que le gouvernement des mondes. Tu t'en iras, petit soldat, essayer ton courage à la grande bataille ; ministre de ce Dieu bon, comblée de ses trésors, tu voyageras par la terre, laissant tomber à chaque pas, chez l'un tu laisseras la lumière, à l'autre tu porteras l'amour, ici tu sécheras des larmes, là tes prières calmeront d'autres maux, à tous tu donneras les biens éternels, partout tu seras l'apôtre du Crucifix qu'on méprise, et ce titre réclame le sacrifice de soi jusqu'au sang, jusqu'à la mort. »

— « Je le désire, je le veux, mon Maître. Il est vrai, je suis bien faible, bien indigne et bien misérable, pour un but aussi noble, mais par un miracle de votre amour, vous pouvez, mon Dieu, combler l'abîme qui sépare, chez moi, le désir du pouvoir. Oui, dirai-je avec l'apôtre, oui, je ne suis rien, mais je puis tout en Celui qui me fortifie. »

7 Septembre 1889. — *Sitio !* J'ai soif.

Oh ! j'ai bien soif, mon Jésus, soif de consolation, de bonheur, soif d'amour par-dessus tout, du vôtre seulement, ô Jésus !

J'unis ma pauvre soif à celle qui vous dévora pendant l'agonie du Calvaire ; j'unis mes désirs de votre gloire à ceux qui consumèrent votre cœur, pour l'établissement du règne de Dieu, votre Père ; j'unis mon besoin d'aide et de soutien à celui qui vous fit dire aux disciples choisis du jardin de douleurs : « Demeurez avec moi et priez. » J'unis ma petite ardeur pour le salut des âmes à celle qui, sur le bord du puits de Jacob, vous fit dire : « Donnez-moi à boire. » J'unis ma prière pour mes pauvres pécheurs, pour mes trois égarés, aux soupirs de compassion qui s'échappaient de votre cœur en contemplant Jérusalem condamnée. J'unis mes réparations en faveur des impies qui vous poursuivent, à ce cri de miséricorde jeté sur votre croix : « Mon Père, pardonnez-leur, ils ne savent pas ce qu'ils font. » J'unis ma compassion aux souffrances des âmes exilées dans le Purgatoire, à tout l'amour qui, s'échappant pour elles de votre Sacré-Cœur, voudrait déjà les embrasser dans le bonheur suprême ; j'unis mon désir de voir la France revivre, à la compassion qui vous approche d'une mère pleurant son fils qu'elle mène au tombeau.

L'Eglise notre Mère pleure aussi sa fille aînée qui s'en va aux abîmes ; mais, sur notre chemin, nous vous avons rencontré, Cœur de Jésus notre espoir, vous avez arrêté ceux qui voulaient

enterrer ensemble la foi et les gloires de la
Patrie ; votre regard tombe sur nous et nous
ressuscitons. Vive Jésus, vive son Règne ! *Adveniat !*

20 Octobre 1889. — *Sicut lilium inter spinas,
sic amica mea inter filias.*

Au pied de ce lis incomparable duquel vous
êtes sorti, Jésus, dans le même jardin, s'élevait
aussi un pauvre chardon. Mais sa tête appuyée
sur la tige du lis, son désir de s'unir à lui vous
ont rendu charitable pour une plante vulgaire
et misérable, vous vous êtes abaissé, vous
avez contemplé la pauvrette et inclinant la
corolle éclatante de pureté, vous avez secoué
un peu de sa poussière au cœur de la fleur
sauvage. Alors, par une merveille dont je vous
bénis, sa transformation s'est opérée doucement ; elle a pris couleur et parfum moins indi-
gnes de vos regards ; elle s'est faite humble et
suppliante ; vous l'avez rendue pure et vierge.
Merci, mon Dieu !

Seigneur Jésus, montrez-moi toute la beauté
de l'âme de ma Mère, qui est la vôtre, afin que je
l'aime davantage, que je la suive de plus près.

10 Novembre 1889. — *Fête de la Dédicace.*

« Hosanna au plus haut des Cieux ! Ouvrez
vos portes, sortez de vos murs, levez-vous, filles
de Sion, et venez : C'est le Seigneur qui approche ! »

Les portes se sont ouvertes, le temple est habité ; sur ses murailles on lit : « Ici est la maison du Seigneur, Dieu y repose. »

Mon Dieu, vous êtes Grand ; mais si vous étiez seulement la grandeur, je ne pourrais pas vous aimer, je suis trop petite, moi !

Mon Dieu, vous êtes Beau ; mais si vous étiez seulement la beauté, je ne serais pas à vous, je suis trop infirme et trop laide !

Mon Dieu, vous êtes Saint et Parfait ; mais si vous étiez seulement la perfection infinie, je n'oserais pas vous aimer, je suis trop péché et misère !

Mon Dieu, vous êtes Amour, source infinie du bonheur ; mais si vous n'étiez encore qu'amour, je tremblerais en m'approchant de vous ; j'ai si peu mérité qu'on m'aime, j'aime moi-même si peu !

Mais vous êtes surtout, ô Dieu que j'adore, Miséricorde et Bonté, et parce que vous êtes le Dieu infiniment bon et infiniment miséricordieux, je me rassure et je vous appelle et je vous reçois et je reste près de vous, sûre de mon pardon, de votre amour, persuadée que vous êtes assez puissant pour garder mon trésor jusqu'au dernier jour.

L'Eglise... C'est la maison du Père, la maison de Dieu, c'est le ciel !... Dieu y est présent, le Dieu bon, le Dieu de la miséricorde. Il y voit l'âme qui le cherche, Il marque la place où elle vient pleurer, souffrir et prier ; Il la reçoit,

Il l'écoute, Il la regarde, Il l'aime et remplit ses désirs. Même lorsqu'Il semble ne rien donner, sa main lui prodigue les trésors. Jamais le pauvre ne vient ici mendier sans s'en aller bien riche, bien heureux et plus fort.

L'Eglise... C'est le Golgotha, la montagne de douleur, le lieu plus saint où l'on s'immole, où se fait mieux le sacrifice en union avec la grande, l'unique Victime toujours élevée pour attirer la terre, pour apaiser les cieux.

L'Eglise... C'est la maison du pain, la maison de la paix, la maison du bonheur ! A peine nés, on nous y porte ; morts, nous y disons notre dernier « A Dieu » !

6 Décembre 1889. — Il faut lutter !

La lutte est la condition de la vie, lutte universelle, lutte perpétuelle ; combattre, c'est la vie partout et toujours.   .

Pourquoi ma lutte ? pour arriver !... arriver à Dieu, atteindre le Ciel !

Où sont mes armes? Mon bouclier, la foi; mon casque, l'espérance; mon glaive, la croix; mon cri de guerre : *Quis ut Deus !* mon refuge, le Sacré-Cœur. Là, je trouve tout. Si j'ai peur, il est mon abri ; si je suis blessée, il me verse le baume et l'huile adoucissante, fait couler le sang qui enivre et fortifie le cœur, si j'ai péché, une source jaillit qui purifie mon âme dans l'eau du repentir.

Contre qui lutter? Contre satan, prince du

monde, qui fait du bruit à la porte, parce qu'il n'est plus dedans ; contre le second moi, l'homme d'en bas incliné vers la terre, effrayé du combat, tout prêt à la révolte ; contre le monde, ses appas, ses maximes, son rire et ses dédains, ses jugements et ses conseils, ses scandales et sa doctrine.

Quels fruits retirerai-je de cette lutte ? Je monterai ! — Monter ! non par l'orgueil comme l'ange rebelle, mais par l'amour et l'humilité. Chaque lutte sera cette marche bénie, que je dois couvrir de baisers, qui me rapproche du divin Chef, m'élève dans son amour, et mon ascension se fait tout entière dans le Sacré-Cœur de Jésus.

Je me fortifierai ! Plus j'aurai combattu, plus je serai vaillante, l'exercice forme le conscrit, la bataille aguerrit le soldat.

Je m'affranchirai ! Être libre ! sentir que le monde peut tout dire, que le corps peut réclamer, que le démon peut faire tapage, mais qu'on n'est commandé ni par satan, ni par la chair, ni par le monde ; sentir qu'on n'est pas né pour accepter des chaînes, que Dieu notre Maître se sert librement et que nous le suivons par amour !

Servir Dieu : c'est régner !

17 Décembre 1889. — Quand je reviens en arrière, reprenant place dans le passé, je constate un changement singulier dans mes pensées et l'état de mon âme. Saisie d'abord par la grâce

divine, transportée des régions ténébreuses où
elle gémissait, dans la terre des vivants, elle a
pris son essor vers le bonheur, s'enivrant de l'air
pur qu'on respire sur la montagne sainte. Elle
montait toujours, se sentant des ailes vigoureu-
ses, regardant en pitié le monde où elle avait
vécu, quand vint l'heure plus grave de l'appel
divin, heure de recueillement, de silence et
d'union, pendant laquelle toute voix cessait de
se faire entendre aux éclats si doux de celle du
Seigneur. Et depuis, cherchant toujours, elle ne
sait plus se rassasier; elle interroge, elle frappe,
elle supplie, elle attend. Sa marche est rude, ses
désirs l'oppressent, n'importe, il lui faut arriver
et trouver! L'intelligence se tait, les idées s'éva-
nouissent, plus de rayonnement, d'éclairs lumi-
neux, de visions bénies... Les ténèbres, la solitude, l'humilité, la patience. Tout vient toucher
le cœur, tout part ensuite de lui, une seule as-
piration demeure. Après le « je vois » c'est un
autre mot : «J'aime », en attendant le cri bienheureux que je désire prononcer bientôt : « Et
je vais à vous » !

30 Décembre 1889. — *Transeamus et videa-
mus.*

Passons!.. au milieu des ténèbres pour aller
à celui qui est la lumière.

Passons!.. au milieu du monde, sans rien désirer de ses fêtes, sans rien regretter de ses joies,
sans rien craindre de ses mépris.

Passons !.. au milieu du mal, l'âme toujours
en haut et le cœur à Dieu.

Passons !.. au milieu des tristesses, le regard
sur Jésus en croix.

Passons !.. au milieu des ennemis, l'œil fixé
vers le divin Cœur notre asile.

Passons !.. au milieu des obstacles, combattant, luttant, avançant toujours.

Passons !.. au milieu des jours qui emportent
notre vie, confiant à leurs flots rapides nos œuvres, nos efforts, nos désirs, nos mérites, notre
amour.

Tout passe... Nous passons... Dieu seul demeure !

Passons !.. à travers le temps pour aller rejoindre notre Eternité.

Passons la « barre terrible », la main dans la
main du Dieu tout-puissant, le cœur appuyé sur
son cœur sacré.

Seigneur, vous savez mon désir ; il est devant
vous et il vous implore.

14 Février 1890. — *Quare non possum te sequi
modo ?*

Oui ! pourquoi pas tout de suite, pourquoi
attendre ?.... Si je ne suis pas assez forte,
fortifiez-moi ; si je ne suis pas assez bonne,
vous pouvez me rendre meilleure ; si je n'ai pas
assez souffert, faites-moi tout d'un coup acheter
mon bonheur par la croix, que j'embrasserai
avec amour, malgré ma faiblesse, m'y étendant

près de vous, unissant ma pauvre soumission
à votre généreux abandon.

Animam meam pro te ponam. Si vous dai-
gnez accepter ce désir de mon cœur, je vous
l'offre, Jésus. Et pourquoi dirais-je : Cet honneur est trop grand, il n'est pas fait pour moi ;
je suis indigne de ce bonheur, je n'ai pas mérité
cette grâce ; je serais faible et j'aimerais trop
peu ? — Depuis quand est-ce moi qui travaille
en moi? qu'ai-je mérité de toutes les grâces
dont je suis comblée? Pas le plus humble, pas
le moindre don ; tout est gratuitement donné
par l'amour de votre divin Cœur, qui s'est
penché bien bas, aussi bas que possible vers ce
qu'il y avait de plus pauvre, de plus misérable,
de plus ingrat, de plus coupable ; qui a voulu
aimer ce rien, élever ce néant ; qui en accepte
les hommages, la soumission, l'immolation ;
qui, après m'avoir faite épouse, peut bien me
demander le témoignage du sang, écouter ma
prière et m'inscrire aujourd'hui au nombre de
ses bienheureux martyrs.

D'ailleurs, qu'est-ce autre chose qu'un long
martyre, la vie d'une religieuse, épouse de Jésus-
Christ? Où trouve-t-elle de quoi rassasier sa
faim du Bon Dieu, cette faim qui dévore si douloureusement! Qui vient apaiser son besoin,
éteindre la soif qui la consume et qui lui fait
trouver toutes choses amères, hors le Bien-Aimé
dont elle ne peut jouir encore! Qui peut dire ses
luttes pleines d'angoisses qu'elle doit soutenir

pour lui rester fidèle, ces croix dont Il la
charge, ces déserts qu'Il lui fait traverser sans
une goutte d'eau, sans un jour de bonheur !

Quand on l'aime, il faut souffrir et arroser de
son propre sang la voie qui mène à Celui dont
l'amour a laissé une trace sanglante, pour indiquer le chemin à tous ceux qui veulent et doivent le suivre.

25 Mars 1890. — Fête de l'*Ave Maria*. Je vous
salue humblement, ô ma Mère ! Je m'unis entièrement à votre humilité, ô servante du
Seigneur.

Je joins mon *Fiat* à votre *Fiat,* ô victime
dévouée à notre Rédempteur.

Pour moi aussi, l'heure est solennelle, la joie
bien profonde, l'amour de Dieu bien grand.....

A moi, l'ange du Seigneur vient annoncer un
grand mystère.. Ce mystère, c'est l'amour même
du Dieu qui m'a choisie, aimée, pardonnée...
l'amour du Jésus qui vient à moi et veut me
recevoir. Oui ! cette heure est bien belle ! Mais,
là-haut, tout là-haut se dresse une montagne où
m'attend l'amour immolé. J'ai mon calvaire à
gravir, une croix est dressée là pour moi, si je
veux Jésus, je dois vouloir la croix : point de
Jésus sans croix, point d'amour sans sacrifice,
point de crèche sans tombeau, point de vie qui
ne porte sa mort. Si je veux être Epouse du
Christ, il me faut vivre du Christ et mourir en
Lui.

Et près de Marie, ma sainte Mère, humblement prosternée comme elle, j'emprunte son cœur, ses lèvres, sa voix, sa soumission, son amour :

Ecce Ancilla ! Fiat!
Fiat toujours, pour tout, Fiat!

28 Mars 1890, en la fête de la Compassion de la très sainte Vierge, pour ma mère.

Mon Dieu !
Il faut vouloir ce que Vous voulez.
Il faut aimer ce que Vous faites.
Il faut bénir ce que Vous donnez.

Mon Dieu !
Vous voulez que je Vous aime plus que tout,
Vous voulez seul rester tout mon bien,
Vous voulez que la Croix me rende sainte....

Je veux donc ne plus voir que Vous,
Je consens à n'avoir que Vous,
J'accepte d'être sur la Croix pour Vous.
Mon Seigneur! mon Jésus! mon Maître !

Vous prenez mon enfant pour en faire votre bien,
Vous trouvez votre gloire à me promettre son éternel bon-
Vous m'imposez à moi la souffrance du cœur...   [heur,

J'aime à Vous donner mon unique trésor,
J'aime à Vous bénir de le garder pour Vous,
J'aime à me trouver... seule... pour mieux être avec Vous.

Mon Père! mon Bienfaiteur!
Vous me donnez toujours ce qu'il me faut,
Vous me donnez la Croix... de toutes les parts, la plus belle,
Vous Vous donnez Vous-même, à la place de tout.

Je vous bénis pour tout ce qui m'arrive,
Je vous bénis pour Votre amour, manifesté par Votre Croix.
Je vous bénis pour ces dons mystérieux que l'union plus
parfaite avec Vous me promet en attendant...
L'Eternité!!!

TABLE DES MATIÈRES

Le Mans. — Imp. A. Bienaimé. — 380 3 03